Success15 fifteen

サクセス15
September 2015 **9**

http://success.waseda-ac.net/

CONTENTS

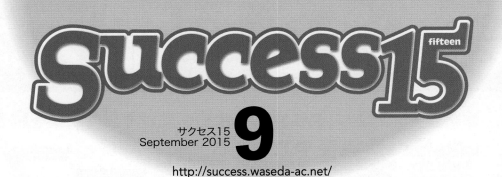

校受験なら早稲アカ!!

都県立トップ校・人気私立高校合格へ向けて夏の成果を試そう！

中3対象

首都圏オープン学力診断テスト

無料

兼 都県立最難関対策コース選抜テスト

8/29（土）

ご参加頂いた方全員に
「面接ハンドブック」プレゼント！

■試験時間　8:30〜12:45（5科）
■試験会場　早稲田アカデミー各校舎
■科　　目　5科（英・数・国・理・社）
■出題範囲　中1〜中3の総合分野
■返却資料　成績帳票（学力判定・志望校合否判定）

同日開催　都県立最難関対策コース説明会　無料

対象者▶ 保護者
時間・会場▶ ［西東京都立］14:00〜15:30　国立校・荻窪校
［埼玉県立］10:00〜11:30　北浦和校
［神奈川県立］10:30〜12:00　相模大野校・武蔵小杉校
［千葉県立］14:00〜16:00　船橋校
［茨城県立］10:00〜11:00　つくば校
内容▶ 各地域入試情報／高校入試の進路選択の重要性／対策コース仕様
※都県立最難関対策コース説明会のみの参加も可能です。

■ 最新の入試情報をご提供します。

プロ講師だからこそ分かる入試情報と勉強法、また、対策コースの仕様をお伝えします。

8年連続 全国No.1　**開成高 82名合格！**（定員100名）

2年連続 全国No.1　**筑駒・筑附 学大附・お茶附高 157名合格！**（4校定員約515名）

3年連続 No.1 都立最難関　**都立日比谷高 74名合格**

※No.1表記は2015年2月・3月当社調べ

information
―インフォメーション―

早稲田アカデミー
各イベントのご紹介です。
お気軽にお問い合わせください。

中1 中2 中3 早稲アカで力試し。

充実の志望校別模試
～早稲アカだからできる～
規模・レベル・内容

中1 1Sクラス選抜試験 無料
首都圏トップレベルを目指す中1生集まれ!

9/12（土）
実施会場 早稲田アカデミー各校舎 時間は校舎により異なります。
別日受験できます！
パソコン・スマホで簡単申込み!!

中2 特訓クラス選抜試験 無料
開成・国立附属・早慶附属高を目指す中2対象

9/12（土）
実施会場 早稲田アカデミー各校舎 時間は校舎により異なります。
別日受験できます！
パソコン・スマホで簡単申込み!!

中2 開成・慶女・国立Jr.実戦オープン模試 無料
記述重視 中2男子・女子対象 特待生認定あり

9/23（祝） 5科・3科選択可
保護者説明会 同時開催（予定）
（中1・中2生の保護者対象）

中3 国立実戦オープン模試
国立附属の一般と内部進学対応・5科 特待生認定あり Web帳票で速報

10/12（祝）
理社フォローアップテキストを無料配布
テスト 9：00～14：30 テスト代 4,800円

中3 開成実戦オープン模試
本番そっくり・特別授業実施・5科 特待生認定あり Web帳票で速報

10/31（土）
開成進学 保護者説明会 同時開催
テスト 8：30～13：50 授業 14：00～15：30
テスト代 4,800円

中3 早慶実戦オープン模試
早慶附属高受験者の登竜門・特別授業実施・3科 特待生認定あり Web帳票で速報

10/18（日）
早慶進学 保護者説明会 同時開催
テスト 9：00～12：15 授業 13：00～15：00
テスト代 4,800円 早慶附属高対策用問題集配布（詳しい解説付）

中3 慶女実戦オープン模試
記述重視・特別授業実施・3科 特待生認定あり Web帳票で速報

10/31（土）
慶女進学 保護者説明会 同時開催
テスト 9：00～12：30 授業 13：00～15：30
テスト代 4,800円

中3 筑駒実戦オープン模試
筑駒高校合格へ向けての課題がわかります!・5科 特待生認定あり Web帳票で速報

11/3（祝）
筑駒入試セミナー（生徒・保護者対象）15:00～16:30
テスト 9：00～14：45 テスト代 4,800円

中1・2 難関チャレンジ公開模試
開成・国立附属・早慶附属を目指す中1・中2対象 特待生認定あり Web帳票で速報

12/6（日）
【5科】英・数・国・理・社 8:30～13:00
【3科】英・数・国 8:30～11:35
テスト代 4,200円

中3 早慶ファイナル模試
課題発見。最後の早慶合格判定模試 特待生認定あり Web帳票で速報

11/28（土）
テスト 9:00～12:45 テスト代 4,200円

中3 作文コース

公立高校の記述問題にも対応
国語の総合力がアップ

9月開講 受付中

演習主体の授業＋徹底添削で、作文力・記述力を徹底強化！

推薦入試のみならず、一般入試においても「作文」「小論文」「記述」の出題割合は年々増加傾向にあります。たとえば開成の記述、慶應女子の 600字作文、早大学院の 1200字小論文や都県立推薦入試や一般入試の作文・小論文が好例です。本講座では高校入試突破のために必要不可欠な作文記述の“エッセンス”を、ムダを極力排した「演習主体」のカリキュラムと、中堅校から最難関校レベルにまで対応できる新開発の教材、作文指導の“ツボ”を心得た講師陣の授業・個別の赤ペン添削指導により、お子様の力量を合格レベルまで引き上げます。また作文力を鍛えることで、読解力・記述式設問の解答能力アップも高いレベルで期待できます。

● 9月～12月（月4回授業） ● 毎 週 校舎によって異なります ● 時 間 17：00～18：30（校舎によって異なります）
● 入塾金 21,600円（基本コース生は不要） ● 授業料 12,500円／1ヶ月（教材費を含みます）

「日曜特訓」「作文コース」に関するお申し込み・お問い合わせは最寄りの
早稲田アカデミーまたは **本部教務部 03（5954）1731** まで

将来を考えるきっかけ作りが多いのも、東農大一高ならではだと思います。

東農大一高では1年次から面談などを通じて自分の将来について考える機会が多く、
先生方は日頃から具体的に進路を考えるきっかけを与えてくれます。
自分が将来どのような道に進めばいいか、そのためにどのような準備をすればよいか、
分野研究や大学の学部学科研究など、先生方は丁寧に指導してくれます。
また、学期ごとに学習面や生活面での
目標設定と振り返りを行う「進路ノート」も重宝しています。
学期ごとに自分の達成度も見直せ、いま自分に足りていない
ものや課題なども把握しやすくなっています。
年間を通じて進路関係の行事なども豊富にあるので、
その感想を書いたり、思ったこと・気になったことを記入して、
進路を考える上でのヒントにもしています。
将来は工学系・理工学系の分野に進みたいと考えています。
そのため、2年次からは具体的に受験する大学を視野に入れながら、
自分の計画通りに勉強することを心がけていきたいと思います。

東農大一高

The First High School, Tokyo University of Agriculture

学校説明会 場 所: 東京農業大学 百周年記念講堂

9/13（日）14:00~ **10/25**（日）10:00~ **11/22**（日）10:00~

桜花祭 入試コーナー開設

9/26（土）10:00~ **9/27**（日）10:00~

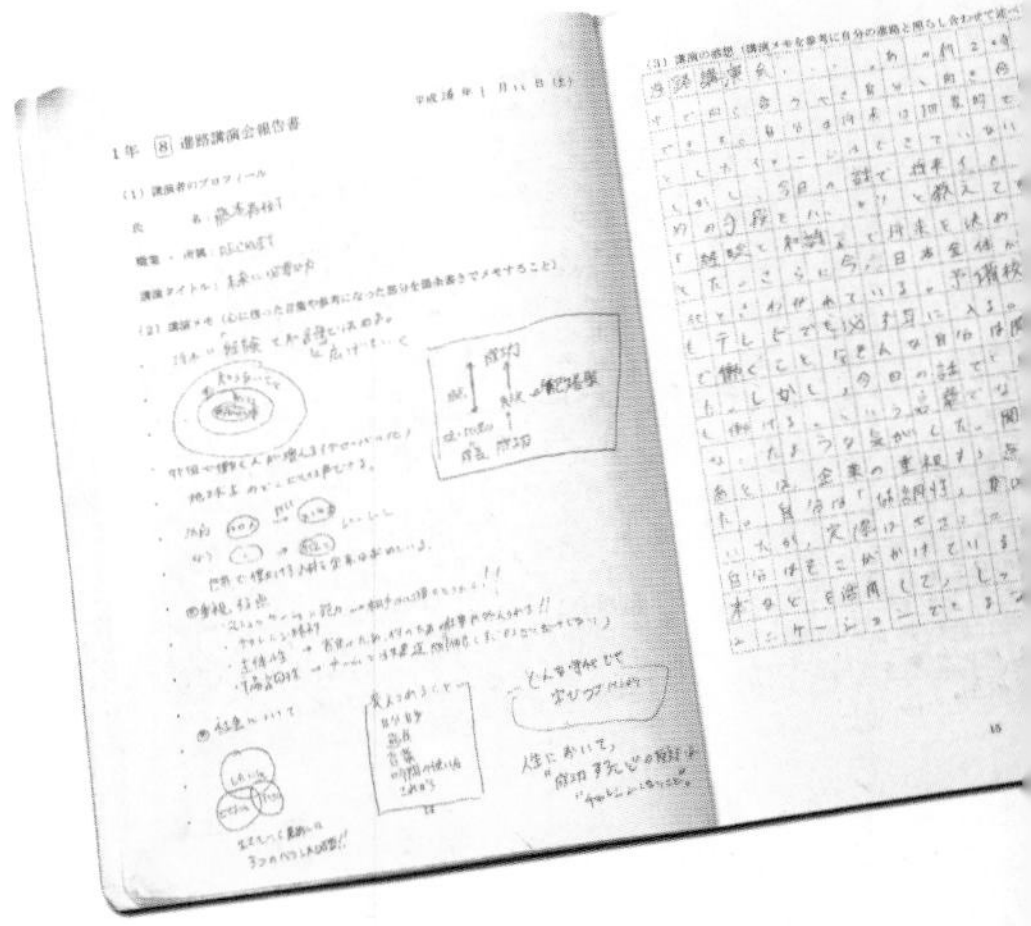

東京農業大学第一高等学校

〒156-0053 東京都世田谷区桜3丁目33番1号
TEL:03(3425)4481(代) FAX:03(3420)7199
http://www.nodai-1-h.ed.jp

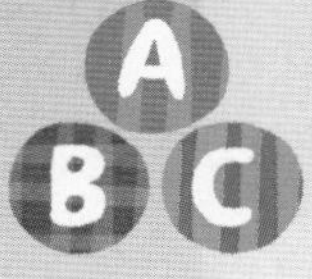

どんな部があるのかな？

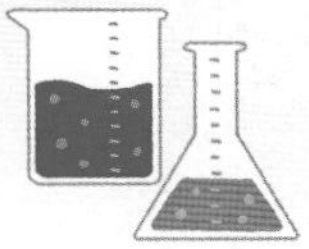

高校の文化部紹介

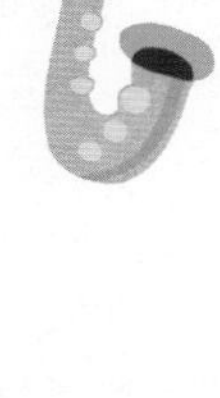

みなさんは高校生になったら、入りたい部活動はありますか？　今回は、知的好奇心が刺激されたり、芸術性が養える高校の文化部の楽しさを知ってもらおうと、数ある文化部のなかから囲碁部（開成高校）と吹奏楽部（埼玉県立大宮高校）をピックアップしました。部員の方のインタビューを通じて、文化部の魅力を知ってくださいね。また、残りのページではさまざまな文化部がある学校についてもまとめていますので、高校で「どんな部に入ろうかな」とイメージをふくらませながら読んでみてください。

囲碁部

開成高等学校

東京｜私立｜男子校

部長

平岡《ひらおか》 大河《たいが》さん（中３）

佐藤《さとう》 良磨《りょうま》さん（高１）

活動曜日：月曜～土曜、休暇中は月曜・水曜・金曜
活動時間：14：30～17：00、休暇中は9：00～17：00
活動場所：囲碁部部室
部 員 数：29人

他校と積極的に交流しながら囲碁の奥深さにはまる

Q 囲碁部の活動について教えてください。

A 普段は基本的に部員同士で対局をしています。平日は授業終了後から17時ごろまで毎日活動していますが、参加は自由です。ほかの部と兼部している部員も多く、部活動が始まる前の少しの空き時間に宿題をしたりと、時間を有効に使いながら活動に励んでいます。

文化祭では、来場者の方と部員が対局をします。囲碁の経験がある方はもちろん、経験がない方も部員がやり方を教えるので、ぜひ来てください。また、麻布、駒場東邦、筑波大附属駒場の囲碁部とは、お互いの文化祭を訪れて対抗戦を行っています。熱い勝負が繰り広げられるので、来場者の方も興味を持って観戦してくれています。文化祭では、部誌を配っています。出場した大会の様子や部員紹介、高２の部員の引退宣言など、部員全員で作る盛りだくさんの内容です。部の雰囲気もわかると思います。

引退は高２の９月ですが、引退した先輩も時間があるときは部を訪れて対局をしてくれます。

Q どのようなことが身につきますか。

A 囲碁は、つねに先を読みながら打つので、論理的な思考力が培われます。どのように打てば勝てるか、相手がどう打ってくるか、いままでの経験を活かしながら、手を考えます。真剣に対局に臨むことで集中力も養われます。また、中高合同で活動していて、OBの方々ともつながりがあるので、幅広い年代と付きあうことでコミュニケーション力も身につきます。

Q 囲碁はどんなゲームですか。

A 囲碁は、19路×19路の碁盤（縦と横に18ずつマス目がある碁盤）、黒と白の碁石を使って２人で行います。先攻が黒、後攻が白で、碁石を交互に置いていきます。碁石を置くのは、マス目のなかではなく、線と線が交差した部分です。碁石をどんどん並べて置いていき、自分の碁石で囲った部分が自分の陣地になります。最終的にその陣地が広い方が勝ちというゲームです。

碁を打つことを対局と言い、対局ではそれぞれ碁を打つ時間が決められています。それが１人ひとりの「持ち時間」となります。平均は大体１人30分ずつで、１局は合計で１時間くらいです。

Q 高校から囲碁を始めても大丈夫ですか。

A 小学生や中学生のころに始めた部員も多いですが、初心者も大歓迎です。部室には囲碁の本や雑誌もたくさんありますし、ルールなども先輩が一から教えてくれるので大丈夫です。

高２や高３の先輩に対局をしてもらうと、先輩方は自分の手（碁石を置くこと）はもちろん、対局相手の手もほぼ覚えているので、対局が終わると、「この手はよかった」「この場合はここに打った方がよかった」など、１つひとつ手を検証しながらアドバイスしてもらえます。囲碁は難しいイメージがあるかもしれませんが、対局を重ねることで初心者でも自然と上達していきます。

高校から始めた部員でも、いままでに部の代表として大会の団体メンバーに選ばれた人もいますよ。

19路×19路の碁盤が正式ですが、部には初心者用に簡単にできる13路×13路の碁盤も用意されています。

先輩に教えてもらいながら少しずつ腕をあげていきます。

碁石は黒と白の２種類です。中指と人差し指で挟んで打ちます。

大会では、主将・副将・三将が横に並んで、一斉に対局を始めます。

持ち時間を計るタイマー。

囲碁の本や雑誌を読んで打ち方を研究します。

取材日に活動していた部員のみなさん。

灘中学校・高等学校と合同で行う４泊５日の合宿。

部室には大会で勝ち取ったトロフィーがたくさん飾られています。

30年前から毎年作られている部誌「幽玄」。

Q どのような大会に出場していますか。

A 東京都の大会や関東大会、全国大会に出場しています。昨年は全国大会で団体４位、個人では現在高３の先輩が準優勝を果たしました。今年も都大会を勝ち抜いて団体・個人ともに全国大会に出場します（※）。東京都の大会では、個人は部員全員、団体は部内でリーグ戦を行って代表の３人を決めます。個人ももちろんですが、とくに団体は自分の負けがチームの士気や勝敗につながるので、最後まで諦めずに戦うことが大切です。

※取材後に行われた全国大会で、団体戦優勝、個人戦５位という結果を残しました。

Q 合宿はありますか。

A ８月に愛知県で灘中学校・高等学校（兵庫）の囲碁部と合同で合宿を実施しています。トーナメント制で１日中対局を行います。他校の人と囲碁を打つのは新鮮で、対局の合間には話もするので仲もよくなります。また、OBの先輩方も参加してくれて、大学生の先輩には大学生活についての話も聞くことができます。夜には花火などもするので、部員同士さらに親睦が深まります。

Q 囲碁や囲碁部の魅力はどんなところですか。

A 囲碁はとても奥が深いゲームです。このように打っていかなければいけないという決まりはありません。どう打っていくかは人それぞれで、その対局によって異なります。ですから、対局を重ねるたびに、どんどん囲碁にはまっていくと思います。年に2、3回、OB会を開催していますが、60代や70代の方も、趣味として囲碁を続けていてすごく強い方がいます。囲碁には何十年やっても飽きない魅力があるのだと実感します。

囲碁部は中高合同で和気あいあいと活動していますし、他校とも積極的に交流しているので、囲碁を通じて知り合いも増えますよ。

Q 読者へのメッセージをお願いします。

A **佐藤さん**　今年の文化祭は９月19日・20日に開催します。今年からは他校との対抗戦のときに、手の空いている部員がその対局を来場者の方に解説しながら観戦してもらおうと考えています。対抗戦は毎年盛りあがるので、ぜひ見に来てください。もちろん部員と対局もできます。

A **平岡さん**　囲碁部は先輩と後輩の仲がよくて、とても雰囲気のいい部です。囲碁は人それぞれ打ち方が違うので、色々な人と対局ができるとさらに楽しいと思います。多くの方の入部を待っています。

吹奏楽部
埼玉県立大宮高等学校

埼玉	公立	共学校

ダブルリードパート パートリーダー
大竹《おおたけ》 佑衣《ゆい》さん（高3）

部長
金澤《かなざわ》 優香《ゆうか》さん（高3）

活動曜日：月曜～金曜（週1日休みあり）、土曜授業がある週は土曜・日曜も練習あり。土曜授業がない週は日曜は休み。
活動時間：平日 16:00～18:20（公演前は 19:00 まで延長）、土曜（授業あり）13:15～18:20、（授業なし）9:00～18:20、日曜 9:00～12:00
活動場所：教室、吹奏楽部部室
部 員 数：74人

「最小時間で最大効率」をモットーに全国大会出場をめざす

Q 演奏する曲はだれが決めるのですか。

A 選曲係という係が曲を選び、最終的に先生と打ち合わせながら決めていきます。部員の意見を参考にしたいときは、全体に呼びかけてアイディアをもらう場合もあります。部にはさまざまな係があり、選曲係のように普段の活動で必要な係のほか、演奏会のプログラムを作るプログラム係などの演奏会関係の係があり、みんなで分担しています。

Q 大会や合宿について教えてください。

A 部として目標にしているのは吹奏楽コンクールの全国大会出場で、そのための予選が8月から始まります。地区大会、県大会、西関東大会とあり、それらを勝ち進むと全国大会に出場することができます。

また、演奏会やコンサートにも力を入れています。すでに今年度は、第44回定期演奏会、他校と合同のサマーコンサートなどを行いました。秋にも2つの演奏会があります。第44回定期演奏会では、2年間休止していたポップスステージを自分たちの手で復活させました。曲と曲の合間に劇を演じたり、曲もアニメやゲームの曲などを演奏したりと楽しい舞台で、カラフルな衣装や舞台の背景などもすべて部員の手作りです。

合宿は春休みと夏休みにあります。春合宿は新入生が入る前に、部の体制をしっかりと整える目的があります。夏合宿はコンクールに向けての技術向上が1番の目的ですが、3年生が引退したしたあとの代替わり後を見越して、1・2年生中心の合奏も取り入れたりします。

Q 普段の活動について教えてください。

A コンクールや演奏会に向けて、部員一丸となって練習しています。練習には「個人パート練習」と、「合奏練習」があり、個人パート練習はパートごとに各教室で行います。まず個人で音出しをしてから、パートリーダーが中心となってパート全体の音をまとめていき、月に1、2回はオーケストラなどで活躍する外部の先生に練習を見てもらっています。合奏練習は吹奏楽部の部室で、顧問の齋藤淳先生の指導のもと、全体で音を合わせていきます。その日によってパート練習をしてから合奏練習をしたり、どちらかしか行わなかったりとさまざまで、練習内容は部長や副部長が話し合って決めています。

楽器を演奏するためには身体の準備が大切なので、練習前には「基礎トレーニング」といって、身体をほぐしたり、腹式呼吸の練習をしたりしています。これをやってから練習に臨むのと、やらずに臨むのでは、音の出方がまったく異なります。

Q どんなパートがあるのですか。

A 「フルート」、「ダブルリード」、「クラリネット」、「サクソフォン」、「トランペット」、「ホルン」、「トロンボーン」、「チューバ・ユーフォニアム」、「パーカッション」の全部で9パートです。私たち2人はオーボエ、ファゴット、コントラバスで構成されるダブルリードパートに所属しています。1つの楽器に希望者が集中した場合はやむを得ず調整する場合もありますが、ほとんどの場合、担当したい楽器の希望が通ります。

コンクールのほかに、アンサンブルコンテストにも出場します。
パート同士の親睦を深めるため、調理レクリエーションを実施。
6月に行った第44回定期演奏会は3部構成で実施しました。
1月に行われた新春コンサート。
大竹さんが使っているイングリッシュホルン（上）と、2人が使っているオーボエ。
個人パート練習では、パートリーダーが前に出て指導をしたり、先輩が後輩にマンツーマンで教えることも。
合宿では、みんなで食卓を囲むのも楽しみの1つです。

Q 吹奏楽部の魅力を教えてください。

A 部員同士の仲がよく、全員が同じ目標に向かって団結しているところがとてもいいと思います。発表に向けての練習は大変ですが、練習を積み重ねてステージに立ち、演奏が終わったあとに客席を見たときの達成感はなんともいえません。さらに、技術が向上するだけでなく、人間的にも大きく成長できる点も魅力です。

Q 読者へのメッセージをお願いします。

A **金澤さん**　私は大宮高校の吹奏楽部に入りたい一心で苦手な数学も頑張って勉強しました。みなさんも無理だと思って目標を下げてしまわず、最初に掲げた目標を初志貫徹する気持ちで、その高校に行きたいと思った気持ちを大切に、最後まで諦めずに頑張ってほしいです。

A **大竹さん**　勉強でもスポーツでもなんでもいいので、自分のやりたいことを見つけてください。私の場合はそれが吹奏楽で、吹奏楽部が有名な大宮高校に入ろうと思いました。やりたいことが見つかれば志望校も決まってくると思いますし、合格に向けて頑張るモチベーションにもつながると思います。

Q 中学生が吹奏楽部の演奏を聴ける機会はありますか。

A 文化祭は大会と重なってしまうこともあるので演奏会は行っていませんが、そのぶん、年間を通じてさまざまな演奏会を開いていますので、ぜひご来場ください。今後は9月19日に他校と合同のコンサート、9月23日に大宮高校だけの演奏会を予定しています。そのほかにも大宮高校の学校説明会で演奏を披露することもあります。

Q 部活動と勉強の両立のコツはありますか。

A 大宮高校には「授業で勝負」という合い言葉が、吹奏楽部には、「最小時間で最大効率」というモットーがあります。私たちは練習のほかに役職の仕事もあるので周りよりも忙しくしていますが、だからこそこれらの言葉を意識して、勉強できる時間は集中して勉強しています。

また、試験1週間前で部活動が停止となる期間に、吹奏楽部では「学習会」を開催しています。普段の練習と同じように全員が集合して、途中で休憩をはさみながら2時間くらい勉強するもので、練習だけでなく勉強もいっしょに頑張ることで、仲間意識が強まります。

まだまだこんなに 難関高校の文化部

開成の囲碁部と県立大宮の吹奏楽部はいかがでしたか。興味を持ってもらえたでしょうか。この２つ以外にも文化部には演劇部や美術部など色々な部があります。ここではそれらの部がある首都圏難関高校をまとめました。紹介したもののほかにもさまざまな部があるので、ほかに気になる部がある人は学校のＨＰなどで調べてみてくださいね。

※◆国立　◇公立　○私立／校名は50音順

囲碁将棋部

○ 市川………（千葉）
○ 慶應義塾………（神奈川）
○ 慶應志木………（埼玉）
○ 慶應湘南藤沢…（神奈川）
◇ 県立浦和………（埼玉）
◇ 県立浦和第一女子……（埼玉）
◇ 県立大宮………（埼玉）
◇ 県立湘南………（神奈川）
◇ 県立横浜翠嵐…（神奈川）
◇ 都立西………（東京）
◇ 都立日比谷………（東京）
○ 早大本庄………（埼玉）

囲碁部

○ 開成………（東京）
◇ 県立千葉………（千葉）
◆ 筑波大附属駒場……（東京）
◆ 東京学芸大附属……（東京）
○ 桐朋………（東京）
○ 豊島岡女子学園……（東京）
○ 早大高等学院………（東京）

将棋部

○ 開成………（東京）
◇ 県立千葉………（千葉）
◇ 県立船橋………（千葉）
◆ 筑波大附属駒場……（東京）
○ 桐朋………（東京）
○ 豊島岡女子学園……（東京）
○ 早大高等学院………（東京）

吹奏楽部（ブラスバンドを含む）

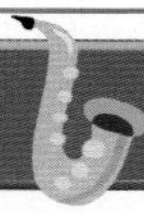

○ 市川………（千葉）
◆ お茶の水女子大附属……（東京）
○ 慶應義塾………（神奈川）
○ 慶應志木………（埼玉）
○ 慶應湘南藤沢……（神奈川）
◇ 県立浦和第一女子……（埼玉）
◇ 県立湘南………（神奈川）
◇ 県立横浜翠嵐……（神奈川）
○ 渋谷教育学園幕張……（千葉）
○ 豊島岡女子学園……（東京）
◇ 都立西………（東京）
○ 早稲田実業………（東京）
○ 早大本庄………（埼玉）

合唱部（コーラス・グリーを含む）

◆ お茶の水女子大附属……（東京）
○ 慶應志木………（埼玉）
○ 慶應湘南藤沢……（神奈川）
◇ 県立浦和………（埼玉）
◇ 県立湘南………（神奈川）
◇ 県立千葉………（千葉）
◇ 県立船橋………（千葉）
○ 渋谷教育学園幕張………（千葉）
◆ 東京学芸大附属……（東京）
○ 桐朋………（東京）
○ 豊島岡女子学園……（東京）
◇ 都立日比谷………（東京）
○ 早大高等学院………（東京）
○ 早大本庄………（埼玉）

美術部

○ 市川………（千葉）
○ 開成………（東京）
○ 慶應義塾………（神奈川）
○ 慶應志木………（埼玉）
○ 慶應湘南藤沢……（神奈川）
○ 慶應女子………（東京）
◇ 県立浦和………（埼玉）
◇ 県立浦和第一女子……（埼玉）
◇ 県立大宮………（埼玉）
◇ 県立湘南………（神奈川）
◇ 県立千葉………（千葉）
◇ 県立船橋………（千葉）
◇ 県立横浜翠嵐……（神奈川）
○ 渋谷教育学園幕張……（千葉）
◆ 筑波大附属………（東京）
◆ 東京学芸大附属……（東京）
○ 桐朋………（東京）
◇ 都立西………（東京）
◇ 都立日比谷………（東京）
○ 豊島岡女子学園……（東京）
○ 早稲田実業………（東京）
○ 早大高等学院………（東京）
○ 早大本庄………（埼玉）

演劇部

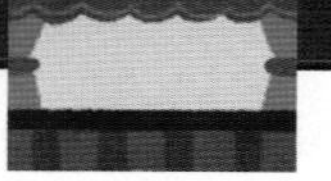

○ 市川………（千葉）
○ 開成………（東京）
○ 慶應義塾………（神奈川）
○ 慶應湘南藤沢……（神奈川）
○ 慶應女子………（東京）
◇ 県立浦和………（埼玉）
◇ 県立浦和第一女子……（埼玉）
◇ 県立大宮………（埼玉）
◇ 県立湘南………（神奈川）
◇ 県立千葉………（千葉）
◇ 県立船橋………（千葉）
◇ 県立横浜翠嵐……（神奈川）
○ 渋谷教育学園幕張……（千葉）
◆ 筑波大附属駒場……（東京）
◆ 東京学芸大附属……（東京）
○ 豊島岡女子学園……（東京）
◇ 都立西………（東京）
◇ 都立日比谷………（東京）
○ 早稲田実業………（東京）
○ 早大高等学院………（東京）
○ 早大本庄………（埼玉）

化学系の部

- ○ 市川……（千葉）
- ○ 慶應義塾……（神奈川）
- ◇ 県立浦和……（埼玉）
- ◇ 県立浦和第一女子……（埼玉）
- ◇ 県立大宮……（埼玉）
- ◇ 県立湘南……（神奈川）
- ◇ 県立千葉……（千葉）
- ○ 渋谷教育学園幕張……（千葉）
- ◆ 筑波大附属……（東京）
- ○ 桐朋……（東京）
- ○ 豊島岡女子学園……（東京）
- ◇ 都立西……（東京）
- ◇ 都立日比谷……（東京）
- ○ 早大高等学院……（東京）
- ○ 早大本庄……（埼玉）

天文系の部

- ○ 開成……（東京）
- ○ 慶應志木……（埼玉）
- ○ 慶應女子……（東京）
- ◇ 県立大宮……（埼玉）
- ◇ 県立千葉……（千葉）
- ○ 渋谷教育学園幕張……（千葉）
- ◆ 東京学芸大附属……（東京）
- ○ 豊島岡女子学園……（東京）
- ◇ 都立日比谷……（東京）
- ○ 早大本庄……（埼玉）

茶道部

- ○ 市川……（千葉）
- ◆ お茶の水女子大附属……（東京）
- ○ 慶應義塾……（神奈川）
- ○ 慶應湘南藤沢……（神奈川）
- ○ 慶應女子……（東京）
- ◇ 県立浦和第一女子……（埼玉）
- ◇ 県立大宮……（埼玉）
- ◇ 県立湘南……（神奈川）
- ◇ 県立千葉……（千葉）
- ◇ 県立船橋……（千葉）
- ◇ 県立横浜翠嵐……（神奈川）
- ○ 渋谷教育学園幕張……（千葉）
- ○ 豊島岡女子学園……（東京）
- ◇ 都立西……（東京）
- ◇ 都立日比谷……（東京）
- ○ 早大本庄……（埼玉）

写真部

- ○ 市川……（千葉）
- ○ 開成……（東京）
- ◇ 県立浦和第一女子……（埼玉）
- ◇ 県立大宮……（埼玉）
- ◇ 県立湘南……（神奈川）
- ◇ 県立千葉……（千葉）
- ◇ 県立船橋……（千葉）
- ○ 豊島岡女子学園……（東京）
- ◇ 都立西……（東京）
- ○ 早稲田実業……（東京）
- ○ 早大高等学院……（東京）
- ○ 早大本庄……（埼玉）

生物系の部

- ○ 市川……（千葉）
- ○ 開成……（東京）
- ○ 慶應義塾……（神奈川）
- ○ 慶應志木……（埼玉）
- ○ 慶應女子……（東京）
- ◇ 県立浦和……（埼玉）
- ◇ 県立浦和第一女子……（埼玉）
- ◇ 県立大宮……（埼玉）
- ◇ 県立湘南……（神奈川）
- ◇ 県立千葉……（千葉）
- ◇ 県立船橋……（千葉）
- ◇ 県立横浜翠嵐……（神奈川）
- ◆ 筑波大附属駒場……（東京）
- ○ 桐朋……（東京）
- ○ 豊島岡女子学園……（東京）
- ◇ 都立西……（東京）
- ◇ 都立日比谷……（東京）
- ○ 早大高等学院……（東京）

文芸系の部

- ○ 市川……（千葉）
- ○ 開成……（東京）
- ○ 慶應義塾……（神奈川）
- ◇ 県立浦和……（埼玉）
- ◇ 県立浦和第一女子……（埼玉）
- ◇ 県立湘南……（神奈川）
- ○ 渋谷教育学園幕張……（千葉）
- ◆ 筑波大附属駒場……（東京）
- ◆ 東京学芸大附属……（東京）
- ○ 桐朋……（東京）
- ○ 豊島岡女子学園……（東京）
- ◇ 都立西……（東京）
- ○ 早稲田実業……（東京）
- ○ 早大本庄……（埼玉）

英語系の部

- ○ 市川……（千葉）
- ○ 開成……（東京）
- ○ 慶應義塾……（神奈川）
- ○ 慶應志木……（埼玉）
- ○ 慶應湘南藤沢……（神奈川）
- ○ 慶應女子……（東京）
- ◇ 県立浦和……（埼玉）
- ◇ 県立浦和第一女子……（埼玉）
- ◇ 県立大宮……（埼玉）
- ◇ 県立湘南……（神奈川）
- ◆ 筑波大附属……（東京）
- ◆ 東京学芸大附属……（東京）
- ○ 桐朋……（東京）
- ○ 豊島岡女子学園……（東京）
- ○ 早稲田実業……（東京）
- ○ 早大高等学院……（東京）
- ○ 早大本庄……（埼玉）

書道部

- ○ 市川……（千葉）
- ◆ お茶の水女子大附属……（東京）
- ○ 開成……（東京）
- ○ 慶應義塾……（神奈川）
- ◇ 県立浦和第一女子……（埼玉）
- ◇ 県立大宮……（埼玉）
- ◇ 県立千葉……（千葉）
- ◇ 県立船橋……（千葉）
- ◇ 県立横浜翠嵐……（神奈川）
- ○ 渋谷教育学園幕張……（千葉）
- ◆ 東京学芸大附属……（東京）
- ○ 豊島岡女子学園……（東京）
- ○ 早稲田実業……（東京）
- ○ 早大本庄……（埼玉）

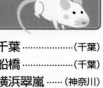

集中力が高まる8つの方法

集中して取り組めるかどうかで、勉強の成果は大きく変わってきます。
このページでは、うまく勉強に集中するための8つの方法を紹介します。
どの方法が自分に合うかは人それぞれなので、
色々試して自分にぴったりのやり方を見つけてみましょう。

No.1 メリハリをつけて集中力アップ！

せっかくやる気はあっても、長時間勉強を続けていると、知らず知らずのうちに集中力がなくなり、だらだらと続けることになりかねません。そういうときは思いきって休憩をとるようにしましょう。うまく集中できないのに、なんとなく机に向かっているよりも、30分なら30分、45分なら45分勉強したら10分休憩する、ということを決めて臨むようにすると、その間にできる勉強内容も考えるようになり、うまくメリハリをつけられるようになるでしょう。ただし、勉強時間と休憩時間の割合は人それぞれですから、自分自身で試しながら適切な時間配分を見つけるようにしてください。

No.2 睡眠をしっかりとって集中力アップ！

とくに受験学年の3年生のみなさんは、これから高校受験が迫ってくるにつれて、勉強時間が長くなる人も多いでしょう。なかには学校の勉強、塾、部活動などで思うように時間がとれない人も出てきます。そういうときにありがちなのは、睡眠時間を削って勉強してしまうことです。一見遅くまで続ければ勉強時間は長くなっているように感じますが、一日の疲れや眠気で集中できないものです。

また、睡眠は記憶の定着にとっても大切です。ですから、「寝る時間がもったいない」と思っても、できるだけ睡眠時間はしっかり確保するようにしましょう。

No.3 朝型に変えて集中力アップ！

No.２と関連しますが、いま、夜遅くまで起きて勉強している人は、朝型に変えるようにしてみるといいかもしれません。たとえ同じ睡眠時間だったとしても、夜中１時に寝て７時に起きて、バタバタと学校に行く準備をするよりも、12時に寝て６時に起きれば、早く起きたぶんをちょっとした計算問題や、前日の勉強の復習にあてることもできます。

慣れてくれば、夜中に同じことをするよりも集中できてはかどることでしょう。早く起きることで脳の目覚めも早くなりますから、受験学年にとっては高校入試の本番に向けて身体を慣らしていくうえでも意味があります。

No.4 青色をうまく使って集中力アップ！

色には、それぞれの色ごとにさまざまな効果を人に与える働きがあると言われています。「赤色」は暖色効果があったり、注目を集めるのに効果的で、「緑色」は緊張感を和らげたり、癒しの効果があるといいます。

そして「青色」は気持ちを静め、落ち着かせたり、集中力を高める効果があるそうです。とはいえ、そのために部屋中を青一色にする、ということではなく、例えば青いペンを使う、勉強をするスペースの見えるところに青いものを置いておき、集中力が途切れてきたなと感じたら、それを見つめる、という形です。試してみてください。

No.5 音楽を聞きながら勉強して集中力アップ！

静かな環境の方が集中して勉強ができるように思うかもしれませんが、人によっては、静かすぎるとかえってうまく集中できないこともあります。そういう人は音楽を聞きながら勉強してみましょう。この場合、問題になるのはどんな音楽を聞けばいいのか、ということです。ジャンルは人それぞれですが、音楽に気を取られてしまわない、ということが第１条件で、聞いていることを忘れてしまうぐらい、なじんでいるものがいいでしょう。

また、音楽を聞くことでリラックスし、うまく勉強に入っていける効果も期待できます。

No.6 身体を動かして集中力アップ！

ずっと机に座っているのも疲れるものです。そういうときは立ち上がって部屋のなかを歩き回ったり、簡単にストレッチしてみると、リフレッシュでき、また集中し直しやすくなります。『サクセス15』の2013年12月号で紹介した「ゆる体操」などのその場ですぐにできる体操で、身体を動かしてみるのもいいでしょう。

また、記憶に効果的と言われている「シータ波」という脳波は、動いているときに最も出るという研究結果があり、暗記の勉強をする際に動きながら行うと効果的と言われています。身体を動かして集中力を取り戻しつつ、ときには暗記もうまくできれば、より効率がいいですね。

No.7 勉強しやすいツールで集中力アップ！

勉強する際に使うさまざまな道具にも集中力アップの秘訣があります。みなさんは普段どんなえんぴつやシャープペンを使っていますか？　例えば、『サクセス15』2014年11月号の「本気で使える文房具」という特集で扱った『ドクターグリップGスペック』というシャープペンがあります。これは人間工学に基いて開発されていて、「疲れにくい筆記具」として人気があります。ほかにも、デスクトップライトを使うと疲れにくく、勉強しやすくなりますし、アロマ機能がついた加湿器は、リラックスできたり集中力を高めてくれる効果が期待できます。こうしたツールを使ってみるのもいいでしょう。

No.8 せっかくの受験勉強前向きに取り組んで集中力アップ！

これからみなさんが経験する高校入試合格までの道のりは、簡単なものではないかもしれません。しかし、１つひとつの勉強に対して前向きに取り組むことができれば、それがプラスの方向に働き、集中できる度合いはまったく違ってきます。苦手な教科の勉強は10分もすると気が散ってくるのに、得意な教科だとあっという間に１時間、といった経験をしたことがある人も多いのではないでしょうか。高校受験で学んだことは、そのときだけではなく、その後のみなさんの人生にも役立ちます。ですから、能動的に受験勉強に取り組んでみてください。

東大への架け橋

VOL.6

text by ゆっぴー

苦手科目克服のコツは面倒なことを丁寧にこなす

みなさんはなにか苦手科目はありますか？ この時期になると、中1のみなさんも自分の得意・苦手科目がはっきりしてくるでしょうし、受験を控えた中3のみなさんであれば得意・苦手科目の勉強時間の比重で悩むころかと思います。そこで今回は、苦手科目との向きあい方を取りあげます。

　まずみなさんに伝えたいのは、苦手科目は入試本番までになるべく克服しておくべきだ、ということです。1点を争う入試において苦手科目があることは非常にハイリスクです。入試本番では、点数を稼ぐつもりだった得意科目が伸び悩んだことで、他の受験生との点差が思ったより開かず、苦手科目の出来が合否を分けるという事態も起こりえます。実際に私自身、1度目の東大入試のときに苦手の数学を「捨て科目」にして、得意科目で挽回しようという作戦で臨んだ結果、不合格になりすごく後悔しました。みなさんは私のようにあとから後悔することのないよう、入試まで時間のあるいまのうちに苦手科目を克服して、全科目、自信を持って本番を迎えられるようにしてください。

　では、どうやったら苦手科目は克服できるのでしょうか。まずは、わからない問題と向きあう時間や、解答に頼らず自分で調べる時間を大切にしてみてください。数学であれば、答えを見ずに自力で考える時間を作る（私は最低でも15分は考えるというルールを決めていました）、英語であれば知らなかった単語や文法を1つひとつ調べて単語・文法リストを作成する、理科や社会であれば記憶が曖昧《あいまい》な部分を教科書に戻って調べ直す…。焦る気持ちを抑えて、こういった「ちょっと面倒なこと」を丁寧にやることで、自分がどこでつまずいたかが明確に見えてきます。色々な教材に手を出したり、とにかく量をこなそうとすると、やったつもりでじつはなにも身についていなかったということがよくあるので注意してください。

　最後に、これは気持ちの問題ですが、苦手科目を克服した自分を想像しながら、楽しんで勉強してみましょう。例えば私は、模試の偏差値があがって喜んでいる自分や、入試本番で苦手科目をすらすら解いている自分を想像しながら勉強していました。「克服するぞ！」という強い気持ちを持って最後まで諦めずに粘り強く取り組めば、きっと苦手克服の道は開けるはずです。頑張りましょう！

ゆっぴーの大学生活

今回は私のとある1日を紹介します。中学校との違いを感じてもらえたら嬉しいです。

　この日は8時ごろに起床して大学へ。東大のシンボル、赤門をくぐると気が引き締まります。最初の講義は「死生学」でした。一見名前が恐そうですが、生きること・死ぬことについて哲学的に学べる人気の講義です。昼休みは友だちと、大学内の食堂で名物「赤門ラーメン」を食べました。ピリ辛でおいしいのでみなさんもぜひ食べに来てください。午後の「英語教授法」では、日本人が英語を勉強するときは会話中心ではなく文法・読解を中心に勉強するといいという話があり、とても共感しました。講義がすべて終わると、楽しい放課後タイムに突入し、大学内のカフェで友だちとおしゃべりしたあと料理教室へ。通い始めて1年経ちますが、料理の腕前はまだまだです（笑）。23時ごろに帰宅して、翌日までの宿題が終わっていないことに気づき、1時過ぎまで頑張りました。大学生活は自由で楽しい毎日です！

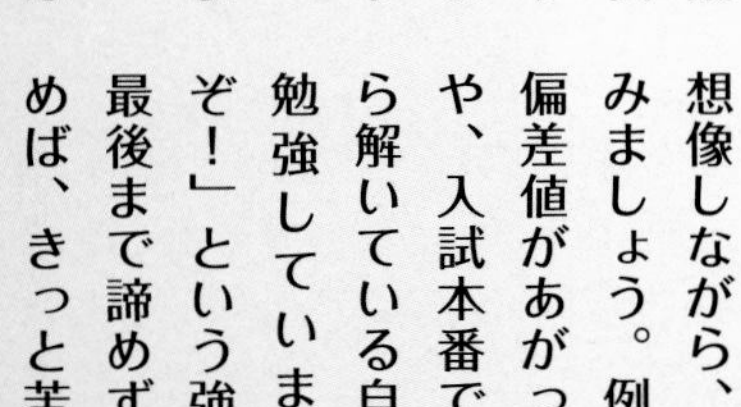

東大のシンボルともいえる赤門

現役東大生・ゆっぴーに答えてほしい質問を大募集！
あなたの質問にゆっぴーが答えてくれるかも？

QRコードからも!!

あて先　〒101-0047 東京都千代田区内神田2-4-2 グローバル教育出版 サクセス編集室
FAX：03-5939-6014　e-mail：success15@g-ap.com まで質問をぜひお寄せください！

Reitaku High School

世界に誇ろう、キミたちの日本。

麗澤の考えるグローバル化とは、日本の“あたりまえ”を育て、堂々と世界に発信していくこと。

感謝・思いやり・自立の心を育む教育を通して、

子どもたちが希望を抱いて未来に向かい、世界へと羽ばたいて行く力を養成します。

2016年度入学試験から**インターネット出願**を開始します。

募集定員：特進コース 30名　文理コース 60名

平成27年（2015年）Information

学校説明会 10:30〜12:00（予約不要）
8/23（日）・10/3（土）

入試説明会（予約不要）
10/25（日）・11/14（土）・11/29（日）
10:30〜12:00　10:30〜12:00　14:30〜16:00

ミニ入試説明会 午前の指定時間（要web予約）
12/13（日）・1/9（土）平成28年（2016年）

寮体験サマーチャレンジ（要web予約）
8/19（水）〜 21（金）

公開行事
2/20（土）平成28年（2016年）
ニューズプレゼンテーション

公開行事	麗鳳祭［文化発表会］ 9/11（金） 麗鳳祭［展示会］ 9/12（土）

麗澤高等学校

http://www.hs.reitaku.jp

〒277-8686　千葉県柏市光ヶ丘2-1-1　TEL:04-7173-3700　FAX:04-7173-3716

新たな可能性・能力を見つけて伸ばし
真のトップリーダーとなる人材へ

Yokohama Suiran High School

神奈川県立横浜翠嵐高等学校

神奈川県　公立　共学校

神奈川県屈指の進学校として、県内の公立高校の先導役を担う神奈川県立横浜翠嵐高等学校。学力・人格ともに優れた人材を送り出し続けてきた創立100年の伝統をいしずえに、新しい歴史を刻んでいます。グローバル時代に応じて、国際交流委員の活動を充実させるなど、国内にとどまらぬ人材の輩出に、今後も期待が集まります。

佐藤《さとう》　到《いたる》 校長先生

校訓は「大平凡主義」100年の伝統を受け継ぐ

神奈川県立横浜翠嵐高等学校（以下、横浜翠嵐）は、1914年（大正3年）に県立第二横浜中学校として創立され、その後2度の校名変更を経て1950年（昭和25年）に現在の校名になりました。

「翠嵐」とは「山は緑で、吹く風は香しく麗しい」という意味で、校舎のある神奈川県横浜市・三ツ沢の丘の情景を表しています。

2007年（平成19年）に学力向上進学重点校、2013年（平成25年）からは学力向上進学重点校全体をけん引するアドバンス校に指定されています。

そして、２０１４年(平成26年)に、創立１００周年を迎えた伝統ある名門校です。

校訓には「大平凡主義」が掲げられています。意味は平凡であることの価値を認め、一日一日を大切に過ごしていくということです。この校訓に基づいて、人間として当たり前のことを当たり前にできる、どんな時代にも対応できる人材を育てています。

佐藤到校長先生は「私がよく生徒に話す言葉が2つあります。1つは『能力の差は小さいが、努力の差は大きい、継続の差はさらに大きい』という言葉です。本校の進路指導にもつながるように、生徒には高い目標に向かって最後の最後まで諦めることなく努力を続けてほしいです。もう1つは、詩人の安積得也さんの言葉で『未見の我』です。本校での学びを通して『未見の我』、つまり自分でもまだ発見できていない、自分の能力や可能性を見つけ伸ばしていってほしいのです。そのためには、嫌なことからも逃げずに、すべてのことに正面から真剣に取り組む姿勢を持つことが大切です」と話されました。

100周年記念事業

２０１４年に１００周年を迎えました。記念式典として演奏会が開かれ、グラウンドで生徒による人文字が作られました。また、翠嵐会（同窓会）の支援により、部活動や委員会活動、そして補習などに使える部屋（翠翔みらい館）が作られました。

人文字

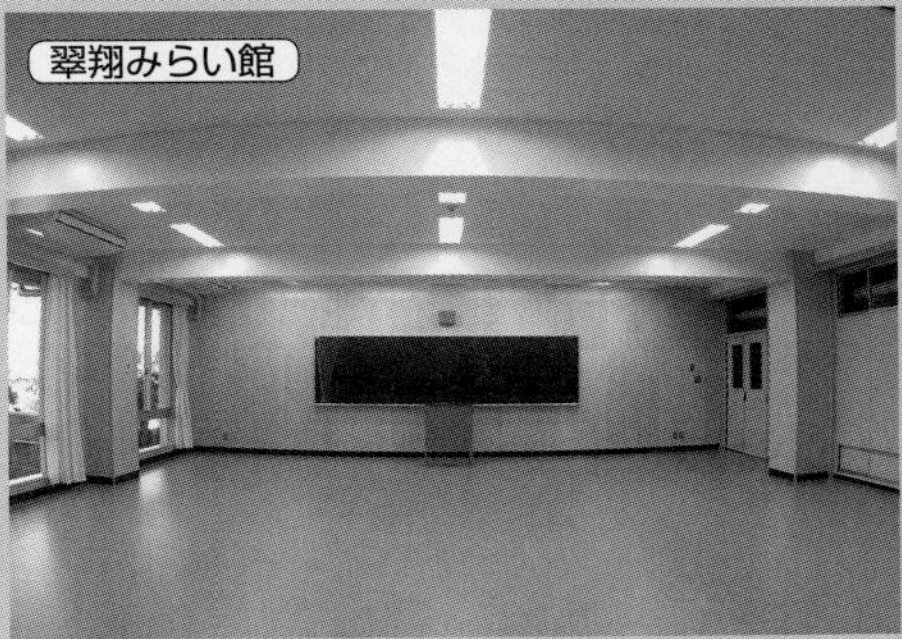
翠翔みらい館

演奏会

オリエンテーションで育む横浜翠嵐生としての自覚

横浜翠嵐では新入生を対象に、4月初めに「学習オリエンテーション」が実施されます。3年間の学習ビジョンが示されるとともに、早い段階から高校の学びを知ることが目的です。予習や復習の重要性、家庭学習は平日が学年プラス2時間、休日はプラス4時間などの学習指導もなされます。そうした指導がまとめられているのが、オリエンテーションで配られる「学習の手引き」です。最初のページには「横浜翠嵐高校に何をしにきたのか　横浜翠嵐高校で何をすべきか」と書かれ、生徒はオリエンテーションを通じて、横浜翠嵐生としての自覚を持ち、3年間を過ごしていくことになります。「学習の手引き」には、ほかにも科目ごとの学習の方法や生徒に読んでほしい本などが紹介されています。

カリキュラムは、1年次では、音楽・美術の選択科目を除いて共通履修で、2年次から文系と理系にクラスが分かれます。クラスを分けるのは、あくまで同じ志向を持つ仲間同士で切磋琢磨できる環境を作るためで、どちらのクラスも必修科目が多く設定され、まんべんなく基礎学力がつけられるようになっています。3年次には選択科目も用意され、自分の希望する進路によって必要な科目を選択していきます。

授業は95分授業を基本とし、45分授業と組みあわせて展開しています。「95分授業は、生徒が主体的に活動できる場を十分に確保し、思考力を養う授業を展開するために最適です。また、本校では、各教科で担当教員がオリジナル教材を作っています。生徒に予習を課している科目も多く、『教科書に書いてあることを確認するだけの授業では意味がない、授業を聞かなければわからないことを教えるのが仕事だ』と教員は教材研究に熱心に取り組んでいます。そういった教員1人ひとりのアイディアを結集して、今後さらに充実した教育を展開していきたいと思っています」と佐藤校長先生。

習熟度別授業や少人数授業も取り入れられています。2年次の英語表現Ⅱと数学Ⅱ・数学Bでは習熟度別授業が、また3年次の英語表現Ⅱでは少人数授業が実施されています。

補習や講習も充実しており、土曜日には、国・数・英の3教科を中心に「土曜講習」が行われています。1コマ50分の午前中4コマで、年に15日ほど開かれます。希望者を対象としていますが、例年9割以上の生徒が参加しており、横浜翠嵐生の学習意欲の高さがうかがえます。夏季休業中には10日間、冬季休業中には5日間の講習が実施されています。

自習環境も整えられ、自習室と進路指導室に個別ブース型のデスクがあります。また、職員室の前には机が置かれ、放課後には教員に積極的に質問にくる生徒が多くいます。

国際理解教育の充実
新しいプログラムを展開

佐藤校長先生が「生徒にはさまざまな分野で社会のリーダーになってほしい。その社会とはもはや日本だけにとどまらず、世界を意味しています」と話されるように、横浜翠嵐高では、「美なりや翠嵐　世界へはばたけ」とキャッチフレーズを掲げ、グローバル人材・次世代リーダーの育成をめざしています。

国際交流としては、1989年（平成元年）からアメリカのエレノア・ルーズベルト高校と姉妹校提携を結び、毎年お互いの学校を訪れています。今年度は、6月の翠翔祭（文化祭）の時期に、エレノア・ルーズベルト高校の訪問があり、来年3月には、横浜翠嵐の1・2年生の希望者がアメリカを訪れます。ほかにも横浜市内にある神奈川朝鮮中高級学校との交流があり、毎年お互いの文化祭を訪れ、親睦を深めています。

また、横浜翠嵐では、各クラスから「国際交流委員」を2〜3人募り、大使館訪問や国際関連の講演会を開催してきましたが、今年度からは、これらの事業をより充実させる取り組みを始めました。

「今年の1年生は『国際交流委員』を50人ほど多く募集し、経済・教育・医療福祉の3分野に分かれて、日本の抱える課題について、世界的な視野でとらえ解決方法を考えていくことにしました。国際交流委員に積極的に活動してもらい、その活動で得

国際交流

アメリカのエレノア・ルーズベルト高校と姉妹校提携を結び、毎年お互いの学校を訪れています。

学校生活

水泳部

ハンドボール部

野球部

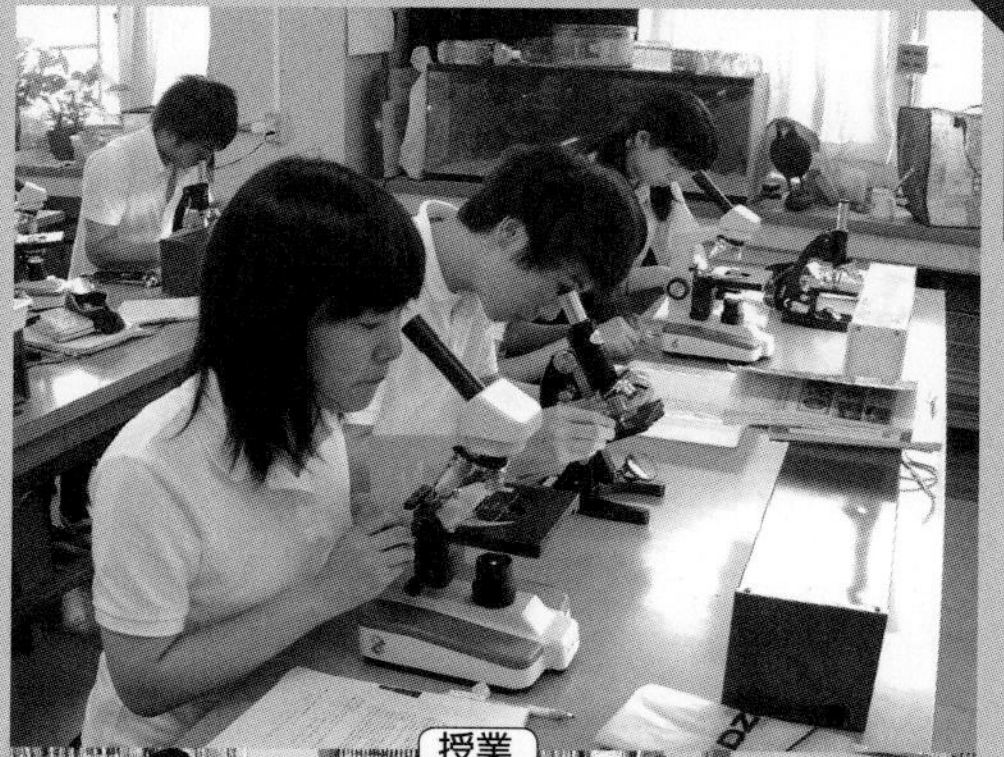

授業

横浜翠嵐では、思考力を養うハイレベルな授業が展開され、生徒は1時間1時間、真剣に学習に取り組んでいます。また、部活動への参加率は9割と高く、多くの生徒が時間を有効に使って学習との両立に励んでいます。

たものを全校生徒に発信、還元していってもらいたいと思います。今後もさまざまなプログラムを企画し、国際理解教育をさらに発展させていく予定です。」（佐藤校長先生）

伝統と生徒・教員の熱意が高い合格実績を生み出す

進路指導では、大学別ガイダンス・分野別職業講話・合格者による報告会などが実施されています。また、定期試験・校内学力テスト・外部模試などの成績は、卒業生のデータと合わせて進路指導における重要な資料として活用されます。難関大に多くの合格者を輩出しているのは、長年にわたって培われた伝統、高い目標に向かって最後まで諦めずにチャレンジする生徒の姿勢、教員の熱い指導の結果といえるでしょう。

最後に佐藤校長先生は「中学生のみなさんはどのような高校生活を送りたいのか、しっかりと考えてから入学してきてください。受け身の姿勢ではなく、課題を自ら見つけ、その課題を解決するためにはどうすべきかを考えられる力を身につけてください。学力向上進学重点校である本校の使命は、学問に真剣に取り組み、人間的にも成長した真のトップリーダーとなる人材を育てることです。勉強だけできればいい、仕事だけできればいいという人間になってほしくはありません。さまざまなことに主体的に取り組む意欲的なみなさんを待っています。そういう生徒さんであれば、本校での学びを通じて、3年後、すばらしい人間に成長し、次のステージに進んでいけるはずです」と締めくくられました。

行事

横浜翠嵐には、全日制に加え、定時制も併設されています。翠翔祭は、合同で行い、お互いによい刺激を受けています。

修学旅行は10月に3泊4日で沖縄に行きます。沖縄の自然に触れ、平和学習を行う充実した内容になっています。

体育祭は、学年やクラスに関係なく誕生月で4つの色に分かれて、棒倒しや大縄跳びなどの競技が実施されます。

2015年度（平成27年度）大学合格実績（　）内は既卒

大学名	合格者	大学名	合格者
国公立大学		私立大学	
東北大	3(2)	早稲田大	138(40)
千葉大	3(1)	慶應義塾大	80(21)
東京大	16(4)	上智大	17(3)
東京医科歯科大	1(0)	東京理科大	61(29)
東京外大	8(0)	青山学院大	33(7)
東京学芸大	2(0)	中央大	40(13)
東京工大	21(2)	法政大	23(9)
一橋大	9(3)	明治大	179(55)
横浜国立大	31(5)	立教大	36(6)
筑波大	6(1)	学習院大	7(3)
京都大	4(2)	国際基督教大	3(1)
その他国公立大	76(21)	その他私立大	163(72)
計	180(41)	計	780(259)

School Data

所在地　神奈川県横浜市神奈川区三ツ沢南町1-1
アクセス　横浜市営地下鉄ブルーライン「三ツ沢下町駅」徒歩12分、東急東横線「反町駅」徒歩18分、JR線ほか「横浜駅」徒歩20分またはバス
生徒数　男子646名、女子385名
TEL　045-311-4621
URL　http://www.yokohamasuiran-h.pen-kanagawa.ed.jp/

2学期制　週5日制
95分授業×3時限+45分授業1時限
1・2年生9クラス、3年生8クラス
1クラス40名

No.213 School Navi

共学校　東京都　武蔵村山市

拓殖《たくしょく》大学《だいがく》第一《だいいち》高等学校

School Data

所在地	東京都武蔵村山市大南4-64-5
生徒数	男子584名、女子709名
TEL	042-590-3311
URL	http://www.takuichi.ed.jp/
アクセス	西武拝島線・多摩都市モノレール「玉川上水駅」徒歩３分

充実した教育環境と生徒の夢を実現するコース制

拓殖大学の附属校として１９４８年（昭和23年）に創立された拓殖大学第一高等学校（以下、拓大一）。自然に囲まれた広大な敷地には、５００名収容可能な多目的ホール、さまざまな室内競技の公式試合に対応できる体育館、３００席以上のカフェテリアなど、充実した学校生活を送ることができる環境が整えられています。

拓殖大への推薦入学 国公立大受験にも対応

拓大一には、拓殖大への推薦入学制度が用意されています。その一方で他大学受験にも積極的で、そうした生徒1人ひとりの進路に合わせた2つのコースを用意しています。

特進コースは、国公立大への進学をめざします。5教科7科目入試に対応したカリキュラムが組まれ、主要教科は2年次までに高校課程をほぼ修了し、3年次は受験対策にあてます。毎朝の小テストや長期休暇中の集中授業なども実施され、志望校合格に向けて確かな学力を形成していきます。

普通コースは、拓殖大への推薦入学、そして推薦入学の権利を保持しながらの他大学受験といった幅広い進路に対応するコースです。選択科目が豊富に用意されており、国公立大をめざすことも可能です。選択科目には、中国語やスペイン語などもあり、1年次から第2外国語を学ぶことができるのも魅力の1つです。

国際交流に積極的 修学旅行は海外へ

英語だけでなく、第2外国語が学べる環境からもわかるように、拓大一では、将来国際人として活躍できる人材の育成にも力を入れています。

国際交流も盛んで、修学旅行は海外へ行きます。オーストラリア、マレーシア・シンガポール、台湾といった異なる地域のコースが用意され、生徒は自分で行き先を選ぶことで受け身ではなく主体的な姿勢で修学旅行に参加しています。

ほかにも、希望者を対象に、夏期休暇中にニュージーランドへの語学研修が実施されています。ホームステイをしながら、さまざまなアクティビティに参加することで、現地の文化や生活習慣に触れ、英語力の向上だけでなく、国際感覚も身につけていくことができます。また、ニュージーランドにあるワイマテ高校と提携しており、長期交換留学制度も整えられています。

拓殖大学第一高等学校は、個々の進路に合わせたコースと、これからの時代に必要な国際感覚を身につける教育により、生徒の夢の実現をサポートします。

No.214 School Navi

別学校　神奈川県　川崎市

桐光学園《とうこうがくえん》高等学校

School Data

|所在地|神奈川県川崎市麻生区栗木3-12-1
|生徒数|男子1177名、女子571名
|TEL|044-987-0519
|URL|http://www.toko.ed.jp/high/
|アクセス|小田急多摩線「栗平駅」徒歩12分

男女別学の利点を活かした伸びのびとした学校生活

「次世代のリーダー、真の人格者」の育成をめざす桐光学園高等学校は、男女別学の学校で、普段は男子棟、女子棟で男女別々に生活を送っています。教科によって学習特性が性別によって異なることから、授業も男女それぞれに応じたペースで進めていきます。その一方で、文化祭・体育祭などの行事や委員会活動、文化部のクラブ活動などは、男女が力を合わせて取り組んでいます。

異性の目を気にすることなく勉強に励みながら、行事では性別の枠を超えて協力しあうのが、桐光学園の特徴です。

希望をかなえるための学習サポートの数々

高1は中学入学生と高校入学生は分かれて学びます。そして、高2からは国公立文系向けの「文Ⅰ」、国公立理系向けの「理Ⅰ」、私立文系向けの「文Ⅱ」、私立理系向けの「理Ⅱ」という4つのコースのなかからそれぞれがめざす進路に合ったコースを選択します。

コース選択、および進路決定に役立つのが、大学の先生を桐光学園に招き、高校にいながらにして大学の授業を体験できる「大学訪問授業」です。大学の専門的な学びにふれる貴重な機会であるため、より多くの学問にふれてもらおうと、先生方の専門分野が多岐にわたるよう配慮がなされています。1年に20回あることの取り組みを通して、生徒たちは興味のある分野を見つけ、卒業後の進路について真剣に考えていきます。

希望進路を実現するための講習も充実しており、放課後や土曜日、夏期休暇中などを合わせると、その数は約600にものぼります。その多彩な講習のなかから自分に合ったものを選ぶことで、無理なく学力を伸ばしていくことができるのです。講習には「ユニーク講習」というものもあり、「美術館へ行こう」「星空を見上げよう」「英字新聞を読む」など、知的好奇心を刺激し、学習意欲を喚起するものがラインナップされています。

また、「世界に眼を開く」という創立者の志のもと、修学旅行の行き先をカナダに設定して異文化交流を行うほか、カリフォルニア大サンタバーバラ校での海外研修や、カナダでの約2週間のホームステイ体験、イギリス・イートンカレッジでの夏期英語研修など、さまざまな英語力育成プログラムを用意しています。

さらに、前述したユニーク講習のなかには欧米への留学をめざす生徒向けの講座を盛り込んだりと、世界を視野に入れた国際教育が充実しています。

桐光学園は、1人ひとりの希望をかなえるための充実した学習環境が用意されている学校です。

FOCUS ON

東京都　私立　共学校

中《ちゅう》央《おう》大《だい》学《がく》杉《すぎ》並《なみ》高等学校

豊かな教養と表現力を養い未来に羽ばたく人材を送り出す

飯塚《いいづか》　容《ゆとり》 校長先生

School Data

所在地
東京都杉並区今川2-7-1

アクセス
西武新宿線「上井草駅」徒歩12分、JR中央線・地下鉄丸ノ内線「荻窪駅」、JR中央線「西荻窪駅」、西武池袋線「石神井公園駅」よりバス

TEL
03-3390-3175

生徒数
男子522名　女子476名

URL
http://www.chusugi.jp/

- 3学期制　✣週6日制
- 月～金6時限、土4時限
  （1・2限通常授業　3・4限土曜講座）
- 50分授業
- 1学年8～9クラス
  （1・2年は8クラス、3年は9クラス）
- 1クラス約40名

中央大学杉並高等学校では、大学附属校のメリットを最大限に活かした「ゆとり」ある教育が行われています。中央大との高大一貫教育は、将来の職業へつながるキャリアデザインに役立てられています。また、海外研修などによる国際感覚の育成も積極的に推進されています。

新たなスローガン「共育と共創」

緑豊かで静かな環境のなかにある中央大学杉並高等学校（以下、中大杉並）は、1963年（昭和38年）に設立されました。

1992年（平成4年）に男女共学制がスタートし、2012年（平成24年）には、創立50周年を迎え、制服も新しくなりました。

建学の理念には「真・善・美」が掲げられています。「真」は真理を探究しようとする〈知性〉であり、「善」は〈よりよきもの〉を探究しようとする〈理性〉で、「美」は〈美しきもの〉を探究しようとする〈感性〉を意味し、中大杉並の学びの原点とされています。そして、創立50周年に新しく生まれたのが「共育と共創」というスローガンです。

『共育』とは、教員が生徒に対して上から下に教えるのではなく、ともに育ち、成長していくことを意味しています。『共創』は、共に創り出していくことです。例えば、本校の学びの特徴は考える力をつけることですが、そうした力を育む取り組みとして、生徒がグループになり、お互いに協力しながら進めていく授業があります。生徒同士はもちろん、教員も、生徒の活動を見守りつつ同じ目線に立ってともに成長していくことが『共育』です。そして、お互いに考える力を育みながら独自のものを自分で創り出していくことが『共創』なのです。他者と結びつきながら、さらなる高みをめざして未来を創り出していくという方向性です。大学附属校であるからこそ生まれる自由でゆとりある校風と教育を表した言葉でもあります。」（飯塚容校長先生）

3年次の卒業論文など課題解決型学習が特徴

毎年卒業生の90％以上が中央大へ進学する中大杉並では、大学附属校のよさを活かし、受験にとらわれない真の学力を身につけるカリキュラムが特徴です。

2年次までは基礎学力を徹底して身につける内容となっています。3年次からは「文コース」と「文理コース」に分かれます。文コースに進んだ生徒は中央大の法学部・経済学部・商学部・文学部・総合政策学部へ、文理コースはそれに加え理工学部への推薦が可能です。現在、1・2年生は1学年8クラスで、3年生はコース分けのクラス編成のため9クラスとなっています。

施設

グラウンド

第一体育館

PC教室

自習室

図書室

食堂

浅田次郎文学碑

約10万冊の蔵書を誇る図書室をはじめ生徒の学びをサポートする設備が充実。正面玄関脇の文学碑には卒業生の直木賞作家・浅田次郎氏による碑文が刻まれています。

授業展開として特色ある試みは、課題解決型学習（ＰＢＬ）です。「ＰＢＬ（Project Based Learning）とは、自ら発見した課題の解決に取り組み、その探究プロセスを通じて価値を創造する学習をさしています。本校のＰＢＬで一番古くから行っているのが、3年次の『論文』という授業で取り組む卒業論文の執筆です。卒業論文に関連する学習は、1年次から国語の授業のなかで行われ、3年次に6000字以上の論文にまとめます。テーマは自由ですが、自分がなにに興味があり、それを論文としてどのように構築していくかをじっくりと考えていきます。また、アジアで研修を行う国際協力プログラムにおいても、事前学習や現地視察を通じてPBLを実践しています。」（飯塚校長先生）

特色ある教育はこれだけではありません。卒業論文の執筆など、書く力を育むためには読む力をつけることも必要です。

中大杉並では「100冊の課題図書」が設けられ、3年間かけて100冊の本を読むことで読む力を養います。定期テストでも、課題図書に関する問題が出されています。

土曜日の3・4時限目には自由参加の「土曜講座」が開講されています。「ピアノ実技講座」や「ビートルズで英語を学ぶ」など、通常のカリキュラムとはひと味違う多種多様な講座が設けられています。

グローバルな視点を養う
研修型体験プログラム

中大杉並では、将来、国際人として活躍できる力を育てるために、国内・国外のさまざまな研修プログラムを実施しています。

国内研修には北海道・礼文島研修と鹿児島県・屋久島研修があります。日本最北限の島である礼文島では高山植物や岩石などを、世界遺産に指定された屋久島では縄文杉やアカウミガメなどを観察し、日本の美しさを体感したうえで環境問題について学びます。

海外研修では、3年生の3学期にイギリス・オックスフォード研修があります。約半月間、ホームステイをしながらオックスフォード大の施設で「学ぶ」ことの意味を考えます。

1・2年生が参加できるものとしては、オーストラリア・ユニティカレッジ交流プログラム（隔年）があり、こちらもホームステイ形式で異文化理解を深める機会となっています。

タイでのフィールドワークを伴う国際協力プログラムもあります。飯塚校長先生は「これは、全学年を対象としたもので、国際協力機構（JICA）や中央大学国際センターと連携した海外研修プログラムです。タイの社会が抱える問題を考察し、解決方法を提案する活動をしました」と説明されました。

学校生活

球技大会

クラブ活動

体育祭

沖縄研修旅行

国際交流・ユニティカレッジ歓迎会

文化祭

音楽祭

オリエンテーション合宿

3年間の高校生活を彩る多彩な学校行事が魅力です。ユニティカレッジとの交流など国際理解教育にも力が入れられています。

授業・高大連携教育

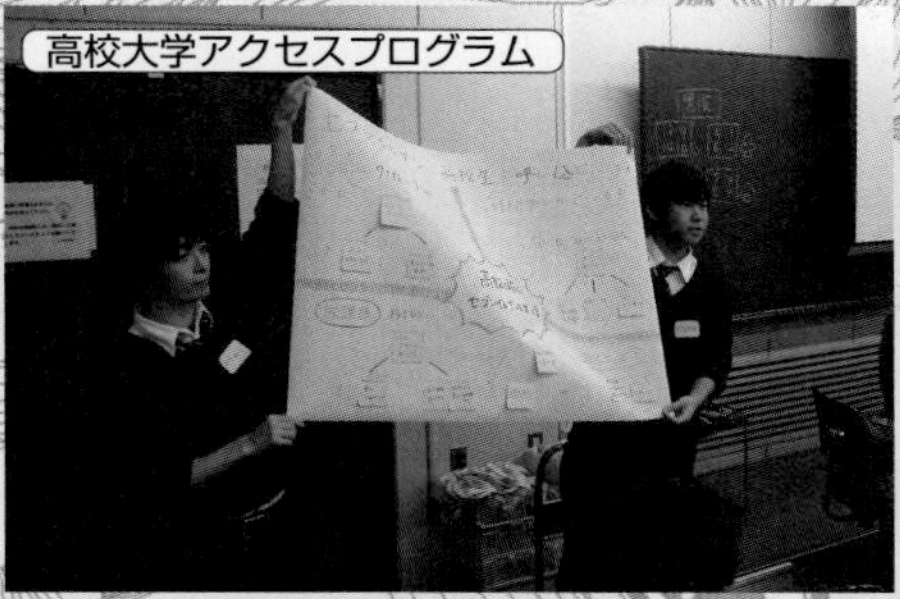
高校大学アクセスプログラム

授業風景

卒業論文発表会

中大生による学部ガイダンス

土曜講座（キャリアデザイン講座）

土曜講座

生徒の知的好奇心を刺激するさまざまな土曜講座や卒業論文の制作など独自教育がめだちます。中央大との連携を活かした取り組みも色々な形で実施されています。

中央大と連携する高大一貫教育の魅力

中大杉並における高大連携のプログラムは多様です。附属校生を対象としたオープンキャンパス、文学部の教授による特別公開講座、商学部と理工学部の講義を受講できる「科目等履修制度」などがあります。さらに〈簿記講座〉では、中央大経理研究所と連携し資格取得をめざします。中央大への進学が内定した3年生の3学期には、各学部ごとに「高大アクセスプログラム」と呼ばれる接続学習として、研究室体験・ゼミ体験・ガイダンス・課題学習などが実施されます。

「社会で活躍している本校の卒業生が体験談を話す〈キャリア・デザイン講座〉も、各自の将来を見つめ、学部選択に結びつく機会の1つです。また、音楽祭と体育祭は中央大の施設を使いますので、行事を通じて中央大に親しむことができます。生徒たちは、充実した高大一貫教育のなかで自分の将来設計をじっくり考えていきます。」（飯塚校長先生）

3年間の「ゆとり」を有効に利用してほしい

創立50周年を経て、新しい時代の中大杉並を担う生徒たちがいま学園に集っています。

飯塚校長先生は「私の名前は〈容〉と書いて〈ゆとり〉と読みます。世間では〈ゆとり〉教育が否定的な文脈で語られていますが、本校の生徒にはこの〈ゆとり〉をよい意味で解釈し、大切にしてほしいですね。受験勉強に追われることのない3年間の〈ゆとり〉を有効に利用してもらいたいと思います。

そこで日ごろから生徒には、3つのことを要望しています。1つ目はたくさん本を読むこと。2つ目は、たくさん友人をつくること。そして3つ目は、たくさん趣味を持つこと。知的好奇心を旺盛《おうせい》にして、幅広い教養を身につける。そうした教育理念に賛同していただける生徒さんを中大杉並は歓迎します」と爽やかに話されました。

2014年度（平成26年度）進学実績

	学部名	進学者数
中央大学	法学部	102
	経済学部	45
	商学部	85
	理工学部	33
	文学部	26
	総合政策学部	20
	合計	311
他大学		13
進学準備		7
総計		331

和田式教育的指導

8月もなかばを過ぎ、夏休みも残りの日数を気にする時期になってきました。そろそろ2学期のことも頭に浮かんできます。受験に向かって一気にダッシュしようと焦りも出てくるころでしょう。しかし、まだこの時期にはやっておくべき大切なことがあります。

「本気の2学期」のために夏休み後半にやるべきこと

まずは学習計画の進み具合を確認しよう

早いもので、夏休みも残すところあと半月。夏休み前に立てた計画通りに、勉強は進んでいますか。

前回の8月号では、夏休みの学習計画を立てるコツをお話ししました。1週間を1タームとし、月〜金曜日に勉強を進め、土日はやり残した部分の補習や復習、余裕があれば自由時間にあてるという使い方でしたね。

夏休みが終われば、いよいよ2学期が始まります。受験生は勉強への気合いがさらに高まる大事な時期です。

今月号では、2学期のスタートダッシュに向けて、残りの夏休みでやるべきことをアドバイスしたいと思います。

まずは、学習計画の進行具合を一度確認してみましょう。予定通り順調に進んでいるという人はいいのですが、もし順調に進んでいない、遅れがちだという人は、どの科目のどの部分が遅れているのかをチェックしてください。

夏休みに終わらなかった部分は2

和田先生のお悩み解決アドバイス

Q 塾に好きな人がいて受験勉強が手につかない

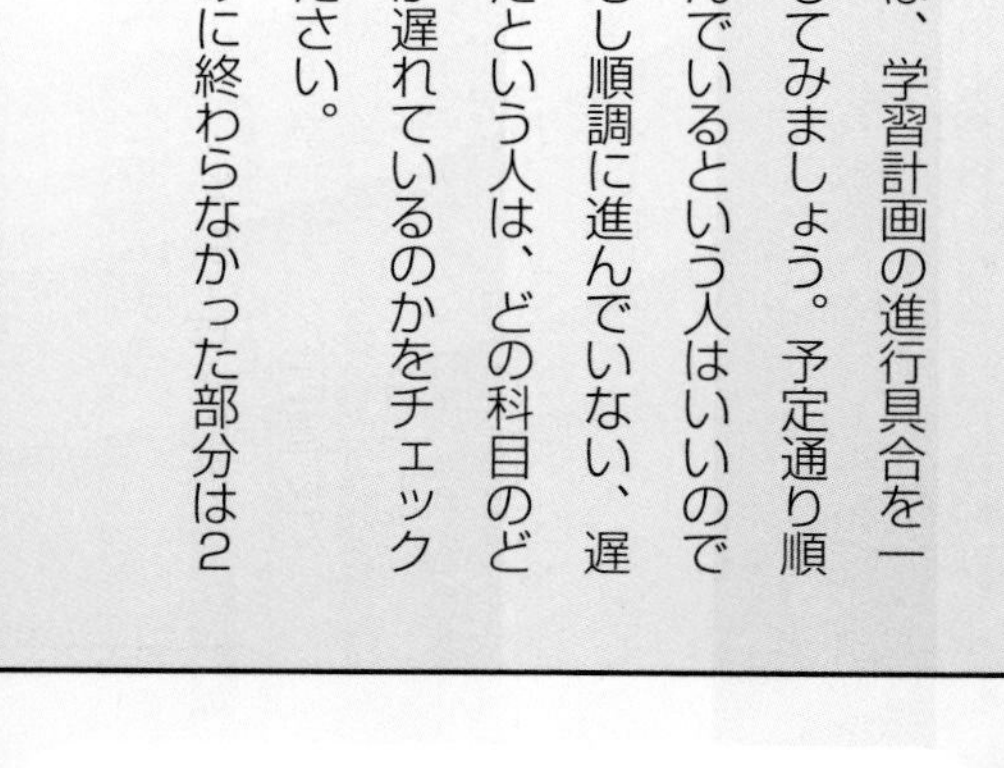

Hideki Wada

和田秀樹

1960年大阪府生まれ。東京大学医学部卒、東京大学医学部附属病院精神神経科助手、アメリカのカールメニンガー精神医学校国際フェローを経て、現在は川崎幸病院精神科顧問、国際医療福祉大学大学院教授、緑鐵受験指導ゼミナール代表を務める。心理学を児童教育、受験教育に活用し、独自の理論と実践で知られる。著書には『和田式　勉強のやる気をつくる本』（学研教育出版）『中学生の正しい勉強法』（瀬谷出版）『難関校に合格する人の共通点』（共著、東京書籍）など多数。初監督作品の映画「受験のシンデレラ」がモナコ国際映画祭グランプリ受賞。

学期に持ち越しとなりますので、夏休みが終わる前に自分がこれからやるべきことがしっかり認識できれば、2学期の課題が明確になります。必ず、2学期が始まる前に確認しておきましょう。

次に、夏休みに勉強したことの総復習に取り組みましょう。

学んだ内容を定着させるために重要なことは、やはり復習です。学習計画では毎週土日に復習をする時間を設けていますが、もう一度総復習をすることでより学力を強固なものにすることができます。

夏休みの最後には過去問に挑戦する

そして最後のポイントは、夏休みの終わり、8月末ぐらいに、自分の志望する学校の過去入試問題を1年ぶん解いてみることです。

8月末となると、人によっては、社会や理科などで勉強がまだ出遅れているという科目があるかもしれません。

しかし、国語・数学・英語に関しては、そろそろ受験レベルに達していないといけない時期です。「まだ早いよ」と思わず、とにかく試しに取り組んでみましょう。

過去問をやると、合格最低点まであとどれくらい足りないのかがわかります。

例えば、合格最低点が5教科で370点だとして、280点取れたとしましょう。合格まではあと90点足りないことがわかりますね。

そうすると、受験までに足りない90点をどうやって取れるようにするか、2学期からの勉強方針が立てられます。

社会や理科などの暗記もので追いあげるのか、苦手科目の克服をめざすのか、得意科目をより伸ばしていくのかなど、これからなにをすべきかがはっきりしてきます。

夏休みが終わるまでに、課題をチェックし、総復習をして学力を固め、過去問を解いて目標設定をすることが大事なのです。

A　悩むくらいなら思いきって告白を

好きになった人がいたら、思いきって告白すべきです。

なぜなら、相手の気持ちがわからない状態でイジイジと悩んでいるのが一番メンタルにもよくありませんし、いくら悩んでも相手が自分をどう思っているかどうかは結局のところ聞いてみないことにはわからないからです。

とはいえ、自分も相手も受験生であれば、よい返事をもらったとしても、遊びに行ったり、デートをしたりということはあまりできませんね。ですから、告白するときに、「以前からあなたのことが好きです。志望校に合格して受験が終わったらつきあってくれませんか」とひと言付け加えてみるとよいと思います。

残念ながら振られてしまったとしても、気持ちの整理がつきます。少しの間は落ち込むかもしれませんが、これ以上悩むことはなくなると思いましょう。残念な気持ちを引きずることなく、プラス思考で受験勉強に励んでください。

OKだったら、お互いに励ましあいながら志望校をめざしましょう。

Tasuku Masao

教育評論家 正尾 佐の

高校受験指南書

国語

［百伍の巻］

今年出たおもしろい問題3

「今年出たおもしろい問題」シリーズの最後は国語だ。国語はおもしろい問題文が少なくない。とくに古文がそうだ。

さて、今号では中央大学杉並の古文問題を取り上げよう。なぜなら、まさに真夏向きの涼しくなる問題だからだ。

次の文章は江戸時代の『落栗物語』の一節です。本文を読んであとの問に答えなさい。

※1勧修寺※2宰相家に古き屏風《びやうぶ》のありけるを、いつの頃よりか、物のうしろに押しやりて用ゐることもなかりしに、ある時※3穂波殿の※4侍所《さむらひどころ》より、「(1)屏風やある。貸し給へ」と※5いひ遣《おこ》せしに、取り出して見れば、女の多く寄りて居《を》れる様を絵に描《か》きたり。

※1　勧修寺　姓の一つ
※2　宰相　大臣
※3　穂波　姓の一つ。勧修寺氏の流れ
※4　侍所　家の事務をつかさどる侍の詰め所
※5　いひ遣す　言ってくる

では、問題文を現代語にしてみよう。

勧修寺大臣の家に古い屏風があったが、いつのころからか、（ほかの）物の背後に押し込んで使うこともなかったところ、あるとき、穂波様の詰め所から、「(1)屏風があるか。（あれば）貸してください」といってよこしたので、（屏風を）取り出して見ると、女が大勢寄り集まって座っている様子を絵に描いてある。

「ん？　どこが真夏向きなのだろう？」と思ったかもしれないね。ゾッするのは先の話で、まだ、問題文の初めの部分だから、焦らずに問いを解いていこう。

問1　――線部(1)「屏風やある」の現代語訳として最も適当なものを次の中から選び、記号で答えなさい。

ア、屏風があります
イ、屏風がありますか
ウ、屏風はありません
エ、奇妙な屏風ですね
オ、素晴らしい屏風ですね

「屏風やある」の「や」がポイントだ。そう、疑問の「や」だね。係り結びの〈や・か〉の知識があればわかる。「や」も「か」も疑問を表す語だ。

・風や吹く＝風が吹くか
・風や吹かむ＝風が吹くだろうか

という短文を頭に入れておくといい。

正解　イ

続きを読もう。

縁《ふち》損じ紙破れて浅ましく成りたるを、そのままにて借り、その夜穂波殿の※6はした者、※7坪《つぼ》の内にて怪しき女の子抱きたるに行き逢《あ》ひ、(2)驚きおびえけり。「物《もの》怖《お》ぢしての※8空目《そらめ》ならん」と人々笑ひ居《ゐ》たるに、それより夜毎《よごと》に出て、人々の眼に見えければ、怪しみてその行方を見するに、かの屏風のあたりにて見失ひければ、「さては(3)それが業《わざ》なめり」とて、屏風を勧修寺の家に返へしつ。

※6　はした者　召使いの女
※7　坪　中庭
※8　空目　見えないのに見えたように思うこと

縁が壊れ紙が破れてひどくなっているのを、そのままで借り（たところ）、その夜、穂波様の召使いの女が、中庭で奇怪な女で子どもを抱いている（女）に出会い、(2)驚きおびえけり。「びくびくしていた（ため）の錯覚だろう」と人々は笑っていたが、それ以来毎晩現れて、（ほかの）人たちの眼にも入ったので、奇怪に思って女のゆくえを（追って）見させると、あの屏風のあたりで見失ったから、「さては(3)それが業なめり」と（言っ）て、屏風を勧修寺の家に返してしまった。

さあ、ホラーっぽくなったね。毎晩、庭に子どもを抱いた女が出現するようになった。しかも、その女は屏風のところで姿を消してしまう。それで、この屏風のせいだろうとみなされて、勧修寺大臣へ屏風を返してしまった、というのだ。

問2　次にあげるのは本文中の――線部(2)「驚きおびえけり」を説明した文章です。「だれ」が「何」に驚きおびえたのですか。空欄に当てはまる語句を本文中から探し、抜き出しなさい。

「　A（八字）　」が「　B（十字）　」姿に驚きおびえた。

問3　――線部(3)「それが業なめり（それのせいだろう）」とありますが、「それ」の内容を示すものを次の中から一つ選び、記号で答えなさい。

ア、勧修寺宰相
イ、穂波殿
ウ、怪しき女
エ、古き屏風
オ、坪の内

問2の「驚きおびえけり」は、「驚き怖がった」という意味だね。勧修寺大臣の所有していた屏風を、穂波さんが借りてきた夜に、穂波家で働いていた「はした者」が、中庭で子どもを抱いた女に出会った。夜、突然に現れたから「驚きおびえた」わけだ。

正解
A＝穂波殿のはした者
B＝怪しき女の子抱きたる

問3は、女の出没の原因についての問いだ。子どもを抱いた奇怪な女を、みんなが目撃するようになったので、その女がどこから現われどこに消えるのか、調べさせた。すると、借りてきた屏風のあたりで姿が見えなくなった。それで「屏風のせいだろう」と考えた、というのだね。「それ」はもちろん勧修寺大臣から借りてきた屏風だ。

正解
エ

問題文はまだ続く。

取り納めんともせずそのままあたりに置きけり。その夜より勧修寺殿にも、人のおびゆることありけるに、ある一人の小侍※9、かの屏風を見ていふやう、「この頃《ごろ》御内の人の怪しみあひける女は、この絵の内にこそあるなれ」とて、傍《かたへ》の人を呼びて見するに、げにも夜な夜な見しごとく子抱きたる女あり。

※9　小侍　身分の低い侍

（勧修寺大臣家では、返された屏風を）しまいこもうともせずそのままその辺に放置した。（すると）その夜から勧修寺様（の家）でも、人が怖がることが生じたから、ある1人の身分の低い家来が、この屏風を見て言うには、「最近ご家中の人が気味悪がっている女は、この絵のなかにこそいるのだ」と（言っ）て、同僚を呼んで見張らせると、本当に毎夜毎夜見るのと同じく子どもを抱いた女が現れる。

話はいよいよ佳境（＝一番おもしろいところ）だ。続きを読もう。

怪しがりて、その絵の頭に細き紙を張りて置きければ、その夜より先の女、頭に紙の付きたるままにて、坪《つぼ》前栽《せんざい》※10の内に遊び居たりける。

※10　前栽　庭前の花木・草花の植え込み

不思議がって、その（＝屏風の）絵の（女の）頭に細い紙を張っておいたら、その夜からその女が、頭に紙のついたままで、中庭の植え込みのなかを歩き回ったのだった。

話は結末に近づいてきた。

「さればよ」とて、その由《よし》宰相殿に申しければ、絵師共を召してかの屏風を見せ給ふに、皆々驚きて、これは土佐光起《とさのみつおき》※11が筆にて、めでたく描きなせしものなれば、さる奇異のこともありしならん】と申しければ、それより深く秘蔵し置かれけるとぞ。

※11　土佐光起　江戸時代の著名な画家

「（この屏風のせい）だからだよ」と（考え）て、そのわけを大臣様に申しあげたので、（大臣は）画家たちをお呼びになってこの屏風をお見せなさると、（画家たちは）全員驚いて、これは土佐光起の絵で、見事に描いたものであるから、そういう奇妙なことも起こったのであろう」と申しあげたので、それ以来（大臣はその屏風を）しっかりと大切に所蔵しておかれなさったと（いう）。

残った問いを解こう。

問4 】は会話の終わりを示しています。その会話の最初の三文字を記しなさい。

】は会話の終わりを示しているという。通常は」が使われるので、あれ？ と思う人もいるだろう。入試では、出題者の指示が絶対だから、そのまま従わなければならない。

江戸時代に土佐派と呼ばれた優れた画家のグループがあった。その独特の画風を高めた人物が、土佐光起だ。

それほどの絵描きだったから、描いた人物が魂を持って、まるで生きている人間のような振る舞いをしたのだと、絵師たちが口をそろえて言ったのだ。

正解　これは

問5 夜中に出没していたのは屏風に描かれた女だったことがわかる一文を本文中から探し、最初の五文字を抜き出しなさい。

屏風の絵の女の頭部に紙を貼りつけておいたら、夜、庭に現われた女の頭にその紙がついていたという文が、「わかる一文」だね。

正解　怪しがりて

問6 女が屏風から出てきた理由を本文ではどのように説明していますか。最も適当なものを次の中から選び、記号で答えなさい。

ア、土佐光起が立派に描いたものだから

イ、屏風が古く破損してしまっていたから

ウ、秘蔵するべき屏風を穂波殿に貸したから

エ、女が頭に紙を付けられたことに腹を立てたから

オ、人々がおびえることを女が面白がっていたから

問4で説明したように、土佐光起の名画だからだね。

正解　ア

問7 本文の内容と合致しないものを次の中から一つ選び、記号で答えなさい。

ア、多くの女が描かれた屏風は破損しみすぼらしくなっていた。

イ、穂波殿は勧修寺殿から借りていた屏風を返すことにした。

ウ、屏風を粗末に扱ったことを怨みに思い夜な夜な女の亡霊が現れた。

エ、絵師たちの鑑定によって屏風は土佐光起の描いたものだとわかった。

オ、奇妙なできごとの真相を知った勧修寺殿は屏風を秘蔵することにした。

わざわざ、「内容と合致しないもの」と傍線を引いてあるのだから、うっかり合致するものと早合点してはならない。入試問題には、このような「正しくないもの」とか「適当でないもの」という指定が、しばしばある。気をつけよう。

正解　ウ

念のために言っておこう。古文を出題しない学校もあるが、どの高校でも入学後に古文は必修だから、受験の際に古文をきちんと学んでおくのはいいことだ。

生徒主体の創造的教育をつくる

第一志望大学への現役進学を力強くサポートする3つのコース

知の構造を革新 **S特コース**	本質的な学びを育成 **特進コース**	自ら考える力を育成 **進学コース**
グローバルな探究力を育て、東大などの最難関国立大を目指す	自ら学ぶ力を高度に育て、難関国公立大・早慶上理を目指す	高度な基礎学力を育て、GMARCH・中堅私大を目指す

◆高等部教育方針

「自ら考え学ぶ」力を養う授業と、論理的探究力や問題発見・解決力、表現力を養う「探究」(S特)、「ライフスキル」(特進・進学)の授業により、難関大進学はもちろん、将来も自分自身を成長させ続けられる自ら考え学ぶ創造的学力を育成します。

さらに、豊かな人間力を培うオリジナルテキスト「人間力をつける」により、その学力をグローバル社会に活かし、貢献できる人間力を育てます。

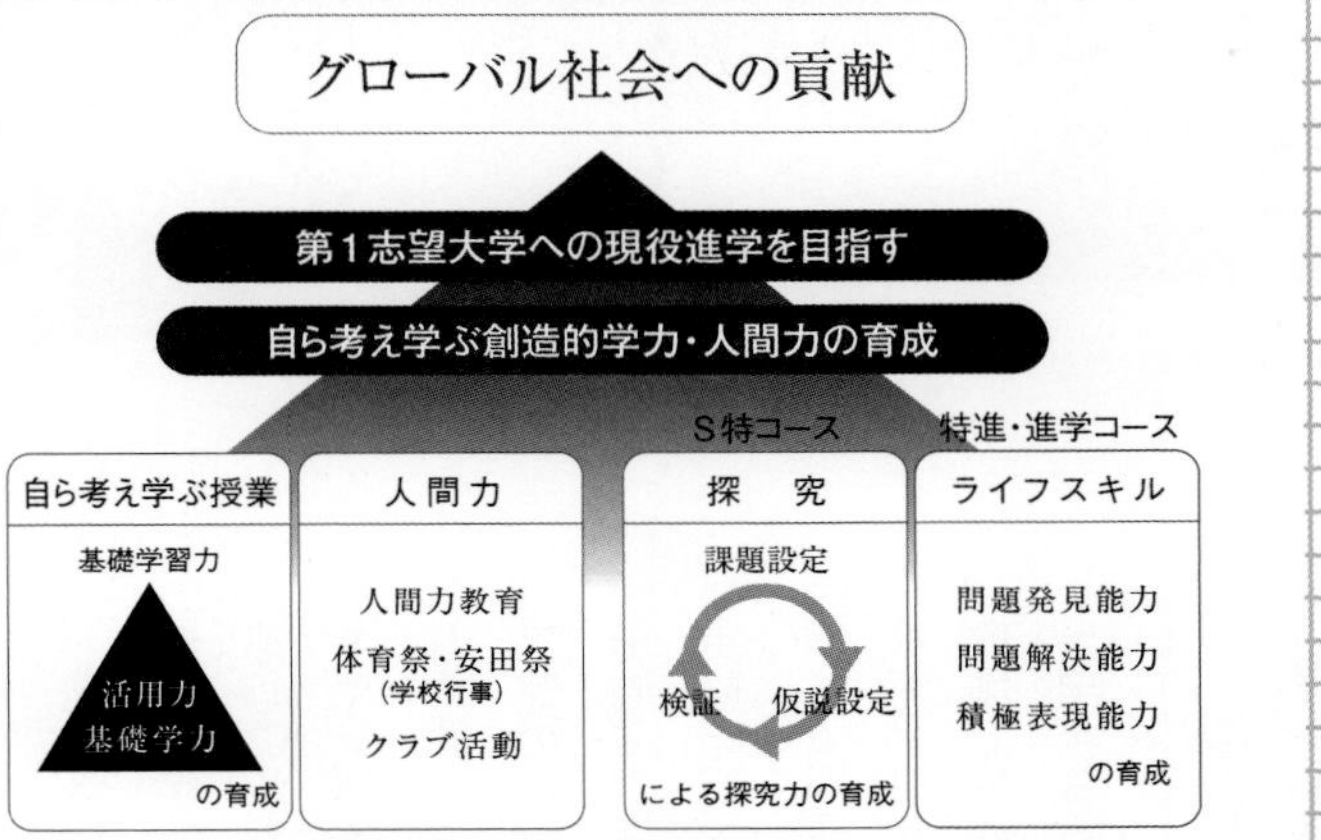

◆特進・進学コースの取り組み

学問への強い関心を持たせると同時に、高度な基礎学力と基礎学習力を育てます。また、目標に向かう意欲を高めることにより、グローバル社会に貢献できる資質や能力を培います。授業では、自分で考えることによる知識や考え方を学び取る学習、繰り返しなどによる着実な積み上げ学習を大切にし、それらを関連付けて学ぶ総合的学力へと発展させ、第１志望大学への現役進学を実現します。

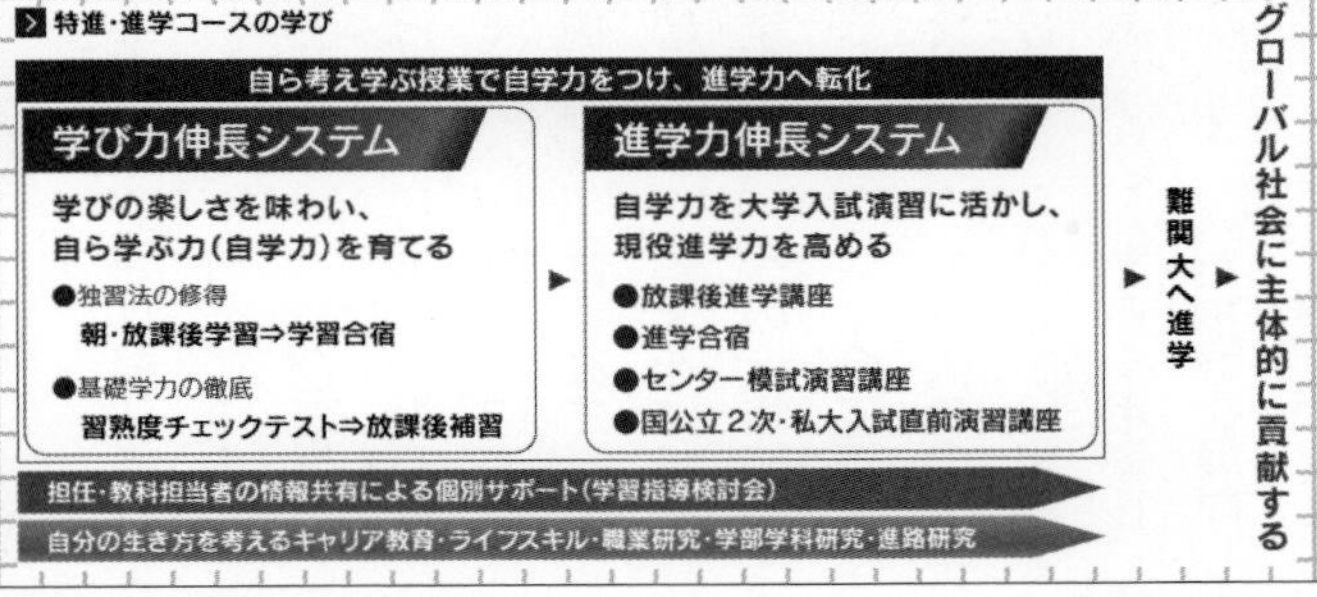

◆安田学園、躍進!!

難関大学現役合格者数1.8倍！

〔国公立大／早慶上理／GMARCH〕

2015春、新コース体制
1期生が卒業しました

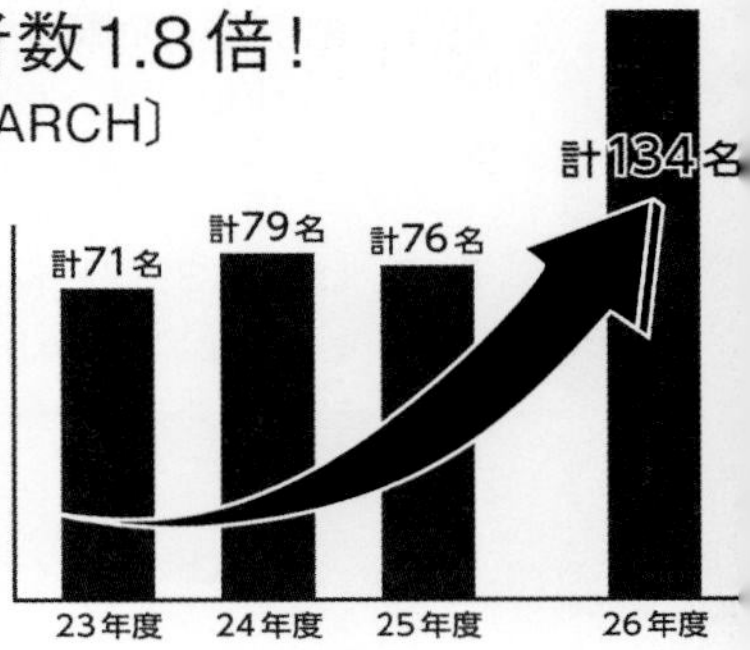

◆S特コースの取り組み

S特コースでは「一人ひとりに最適なアシストを」をスローガンに、放課後の弱
克服講座や進学講座(約２時間)、夏・冬休みの『東大対策講座』などきめの細か
補習・講座を数多く用意しています。

また、入学直後の生徒は能力も得意・不得意科目も人それぞれです。その生徒一
ひとりに対し「高校生としての」学習法や「自ら考え学ぶ」とはどういうことなの
をレクチャーする入学前の【事前全体説明会】を皮切りに、S特コーススタッフ
員の熱意あふれる万全なサポート体制で生徒一人ひとりの目標の実現を応援し
いきます

探究　S特コース

1・2年で行われる「探究」の授業では、自分なりの疑問を見つけ、それについての仮説を立て、検証を行うというサイクルを体験していきます。その過程を通じて、より高次なレベルの疑問が生まれ発展していくといった創造的思考力が育まれていきます。1年次では、文系・理系のそれぞれの実際のテーマでのグループ探究を通し探究基礎力を習得、論文を作成します。2年次には、それを英訳しシンガポールにおいて現地大学生にプレゼン、そのテーマについてディスカッション
ます。そしてこれらの集大成として個人でテーマを決めて探究を行い、安田祭で発表します。

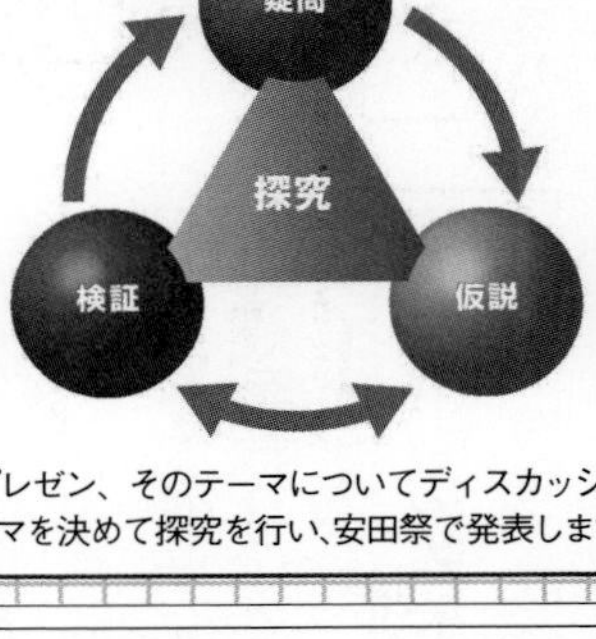

平成28年度 高校入試 学校説明会

9月5日(土) 10:00～ 14:30～	11月7日(土)14:30～
10月3日(土) 10:00～ 14:30～	11月28日(土)14:30～
	12月5日(土)14:30～

安田祭(文化祭)

10月31日(土)・11月1日(日

10:00～15:00

入試相談会を開催します

※掲載している日程以外でも学校見学個別相談ができます。事前にお電話でお申し込みください。
※各回とも入試相談コーナーを設けております。
※予約申込方法など詳細は本校ホームページをご覧ください。

安田学園高等学校

〒130-8615 東京都墨田区横網2-2-25
E-mail nyushi@yasuda.ed.jp

入試広報室直通　0120-501-528　FAX.03-3624-264
交通アクセス　JR両国駅から徒歩6分　都営大江戸線両国駅から徒歩3
ホームページ　http://www.yasuda.ed.jp/　安田学園　検

学習にクラブ活動に思いきり取り組める環境
全員が同じスタートラインから第1志望校をめざす

保善高等学校

HOZEN HIGH SCHOOL

School Information

所在地：東京都新宿区大久保3-6-2
アクセス：JR山手線・西武新宿線・地下鉄東西線「高田馬場駅」徒歩8分、地下鉄副都心線「西早稲田駅」徒歩7分
TEL：03-3209-8756
URL：http://www.hozen.ed.jp/

クラブ活動が盛んなことで知られる保善高等学校。運動部だけでなく、文化部も盛んで、生徒は伸びのびと自分の好きなことに打ち込んでいます。その一方で、1年次から個々の進路に合わせたクラスを編成し、毎年約8割という高い現役大学進学率を誇っています。

創立から90年以上の歴史を誇る保善高等学校。東京・高田馬場という都心に位置しながらも緑に囲まれたキャンパスには、トレーニングルームや武道場、今年8月に完成する人工芝のグラウンドなどの運動施設、そして豊富な実験器具を備え高度な実験を行える生物・化学・物理それぞれの実験室といった学習施設が整えられています。こうした恵まれた環境で生徒は文武両道に励み、近年、大学合格実績を伸ばしています。

1年次からクラスに分かれ 高い意識を持ち学習に励む

「本校は附属の中学校も大学もない単独校です。生徒は入学するとみな同じスタートラインに立ち、1年次から第1志望の大学へ合格するという高い意識を持って学校生活を送っています」と入試広報部長の三本松修先生が話されるように、保善では、1年次から大学受験を意識したクラスが編成されます。それが「特別進学クラス」「大進選抜クラス」「大学進学クラス」の3つです。

「特別進学クラス」は国公立大や難関私立大への進学をめざします。週4回の7時限授業、国公立大の5教科7科目入試や医・歯・薬系の入試に対応できるカリキュラムが組まれているのが特徴です。

「大進選抜クラス」は、G－MARCHレベルの大学合格を目標とします。2011年度（平成23年度）に新設されたクラスですが、東京理科大をはじめ、すでに難関私立大学への合格結果を残しています。

「大学進学クラス」は中堅以上の私立大への進学をめざします。基礎学力を確実に養いながら、選択科目を多く用意し、個々の進路に合わせた指導を展開しています。

進級時に上位クラスを希望する生徒には、統一テストを実施し、条件を満たせば異動が可能です。

「わかるまで、納得するまで生徒と向き合う」というのが保善の教科指導であり、講習や補習が充実しているのも大きな魅力です。放課後には各教科で補習が行われ、長期休暇にはクラスごとに習熟度別の講習が無償で用意されます。昨年は、のべ169もの講習が実施されました。

また、大学受験に効果的な英検の学習にも積極的に取り組み、全員に受験を義務づけています。

進路指導では、将来の職業までしっかりと考えてから大学、学部・学科を選ぶよう指導がなされ

授業

教員の熱意ある授業を真剣に聞く保善生。第1志望をめざし確実に学力を養います。

理科実験室

実験室には豊富な実験器具に加え、プロジェクターも完備されています。

運動部

サッカー部など、全国大会をめざす強化指定クラブを筆頭に、活発に活動する運動部。

文化部

吹奏楽部をはじめとして、文化部の活動も盛んです。同好会を含め20の部があります。

ます。こうしたきめ細やかなサポート体制が合格実績の伸張につながっているのでしょう。

運動部・文化部ともに盛ん クラブ加入者の進学率85％

「生徒にとってはあくまで勉強が第一ですが、クラブ活動も高校生活において大切です」と三本松先生が話されるように、保善では、約8割の生徒がクラブに加入しています。

運動部は全国大会をめざす強化指定クラブのラグビー部、バスケットボール部、空手道部、陸上競技部、サッカー部を含む14、文化部は20（同好会含む）の部があります。そのなかには、文学散歩部や知的ゲーム部など、ユニークなものもあり、女子の目を気にすることなく、自分の好きなことに伸びのびと打ち込めるのは男子校のよさといえるでしょう。

クラブ活動に時間をとられると勉強がおろそかになってしまうのではという心配があるかもしれませんが、「クラブ活動をしている生徒は有効な時間の使い方を身につけています」と三本松先生。その言葉通り、今春の卒業生のうち、クラブ加入者の大学現役進学率は85％でした。

クラブ活動に積極的に取り組みながら、学習との両立で第1志望の大学をめざすことができる保善高等学校。最後に三本松先生は「本校ではお互いの個性を認め尊重しあう、相手の気持ちや痛みをわかりあえる人材を育てています。みなさんも本校での3年間を通じて立派な男子へと成長できるはずです。文武両道を実践し、充実した学校生活を送りましょう」と話されました。

学校説明会・施設見学会

すべて10：00

8月29日（土）　10月17日（土）　10月31日（土）
11月14日（土）　11月21日（土）　11月28日（土）
12月5日（土）

受験生と保護者の個別受験相談会

10：00～15：00

11月29日（日）　12月6日（日）　12月12日（土）
12月19日（土）

15：00～18：00

12月7日（月）　12月8日（火）　12月9日（水）
12月10日（木）　12月11日（金）

文化祭

9：00～15：00

9月19日（土）
9月20日（日）

※個別受験相談コーナーあり

体育祭

8：30～14：00

10月3日（土）

※個別受験相談コーナーあり

東大入試突破への現国の習慣

田中コモンの今月の一言！

「ほめる」よりも大切なこと。それは、相手に敬意をはらうこと、なのです。

慇・懃・無・礼?! 今月のオトナの四字熟語

「東大正門」

本郷東大のキャンパスには、一体いくつの門があるのか皆さんご存知ですか？「本郷東大」と限定したのには理由があります。東大には駒場にも、また本郷と隣接した弥生地区にもキャンパスがあるからです。最近「ハチ公」のブロンズ像ができて人気スポットになっているのは、弥生にある農学部の正門（農正門）ですからね。入ってすぐ左に、ハチ公と飼い主の上野英三郎博士のブロンズ像があるのです。今年の三月、ハチ公の死後80年を記念して建造されました。渋谷の駅前には主人の帰りをひとり待つハチ公像がありますが、「再び上野博士と一緒にさせてあげよう！」と、東大の先生たちが像づくりを計画して実現したものです。像そのものも素敵なのですが、像の背後に映る影がまた、まるで本物のハチ公が上野博士に飛びついてじゃれあっているようで、幻想的な雰囲気を漂わせています。外国人観光客がこぞって見学に来ているのですが、リチャード・ギアの主演でリメイクされた映画「ハチ公物語」の影響だそうです。世界的にも「秋田犬」の人気が高まっているとのこと。

閑話休題。「本郷東大」の門、の話でした。実に大小あわせて10もの門が、本郷東大のキャンパスには存在します。最も有名なのが、正門…ではなく赤門でしょうね。江戸時代の面影を残した瓦葺きの大きな朱塗りの門で、重要文化財にも指定されていますからね。赤門が東大の正門だと思っている人も多いのではないでしょうか。「赤門」と銘打った、町会やお店やお土産も近所には並んでいますからね。でも、正門は別にあるのです！赤門ほど派手ではありませんが、重厚な門柱が「象牙の塔」を象徴していますよ。正門を入ると安田講堂に向かって銀杏並木がまっすぐに続いており、四季折々に印象的な景色を作りだして撮影やスケッチの絶好のスポットにもなっています。また、ちゃんと門の脇には守衛所があり、守衛さんが常駐しています。さすが、正門！ですよね。

筆者は普段どこで仕事をしているかというと、自分の事務所だったりするのですが、その事務所がどこにあるかというと、本郷東大の正門前だったりします。自慢ではありませんが…と言いつつ、やっぱりどこか誇らしい気分にもなるのです。ふざけて「こちら文京区東大正門前事務所です！」と言ってみたりしています（笑）。ですから毎日、東京大学の様子をうかがい知ることができるわけです。自転車の空気入れを、正門の守衛さんにお借りしたりして過ごしています。皆さんにも「生中継」のように現在の東大の

田中《たなか》 利周《としかね》先生

早稲田アカデミー教務企画顧問

東京大学文学部卒。東京大学大学院人文科学研究科修士課程修了。文教委員会委員。現国や日本史などの受験参考書の著作も多数。

様子をお伝えすることができるのです。「五月祭」（東京大学本郷キャンパスの学園祭）だったり、「オープンキャンパス」（現役高校生が東京大学を訪問できるイベント）だったり、「カミングホームデイ」（東大卒業生が母校を懐かしんで訪問する日）だったり、「〇〇教授の最終講義」（今年度で退官される先生が最後に行う授業で、一般に公開されたりします）だったり、「あれ、今日はやけに人が多いぞ？」なんて感じる日は、東大で何かしらのイベントが開催されていたりするのです。

そんな中でも最大のイベントは、やはり東大入試ですね。とりわけ合格発表の日というのはテレビカメラも入って合格者へのインタビューが行われたり、東大のアメフト部やらラグビー部やらのマッチョな学生諸君が合格者を取り囲んで胴上げを行ったりと、お祭り騒ぎの様相でした。「でした」と過去形なのは、はるか昔の筆者自身の合格発表のシーンを思い出しているからではなく、現在、本郷キャンパスでは総合図書館の工事に伴い「合格者掲示板」による合格発表が中止されているからです。工事が終了する2017年度（平成29年度）入試以降には、また再開されることを筆者は切に希望しているのですが…どうなるでしょうか。インターネットの発表ではなんとなく味気ないですものね。

筆者も「合格者掲示板」に自分の番号を確認して「合格電話」を実家にかけましたよ。でも君たちの世代には「合格電話」なるものの意味合いが分からないでしょうね。そう、当時はスマホはもちろん携帯電話もない時代です。電話をかけようとするならば、公衆電話を見つけ出して、そこからかけるしかなかったのです。合格の報告を家族にいち早く伝えようと、皆が公衆電話に殺到して、長い行列をつくっているという風景。これが「合格電話」であり、東大合格発表のひとつの風物詩となっていたのです。

本郷東大の正門から、横断歩道を渡って、路地に入り、真っ直ぐに50ｍほど進んだところに、今も置かれている公衆電話があります。かつて合格発表の時には、この公衆電話から行列ができ、路地を受験生が埋め尽くしたそうです。そしてこの路地についた名前が「合格横丁」。なんとも縁起のいい名前ですね。筆者の事務所はここにあります。自慢ではありませんが（笑）。来る8月23日には、この「合格横丁」で盆踊り大会が開催されます。今年は試みに「合格手ぬぐい」や「合格携帯ストラップ」が出品されるそうですので、皆さんも縁起を担いで手に入れてみてはいかがでしょうか！　事務所でお待ちしていますよ。

グレーゾーンに照準！
今月のオトナの言い回し
「ほめ言葉」

先月号の記事で「塾のクラスが上がった息子さんに声をかけて、かえって不機嫌な反応を招いてしまったお母様」のお話をご紹介しました。ご相談には続きがありまして。「ほめてあげたつもりが、逆効果でした。なにかいいほめ言葉はないものでしょうか？」という内容になります。

興味深い心理実験の結果があります。どんな言葉をかけられたときに、人間は最も喜びをおぼえるのかを調査したものです。まさに「どんなほめ言葉をかければいいのか？」という疑問にストレートに答えるものですよね。さて、その「ほめ言葉」ランキング一位に輝いたのは？　なんと「本人の名前」だったのです。「すごいね！」でも「ありがとう！」でもなく、自分の「名前」を呼ばれることに喜びを感じてしまうというのが、人間の心理なのです。このことの背景には「自分の人生の主人公は自分だという感覚」があります。ですから、「名前」を呼びかけることには、「唯一の存在である〈あなた〉は、あなたの人生の主人公です！」と、認める作用がともなうのです。

「子どものクラスが上がったからほめる」といった、お母様による〈条件付き〉の言葉がけや、「クラスが上がったのだから子どもは嬉しいはずだ」といった、子どもの主体性を抜きにしたお母様による〈決め付け〉は、「あなたの人生よりも、私（お母様）の人生の方が大切だ」というメッセージとして、お子さんに受け取られてしまう可能性があるわけです。

お母様が「ほめ言葉」にとらわれているのにも理由があると思います。それは、「子どもはほめて伸ばさなくてはいけない！」という考え方の普及です。けれどもそれは「ほめ言葉をかけなければいけない」という理屈ではありません。「ほめること」にこだわるあまり、「子どもが何かしたら、必ずほめ言葉をかけてあげなくてはいけない」という思考回路に陥っては、本末転倒だと思います。ほめることによって促すのは、子どもの持つ「自尊感情」なのです。その際に重要なのは「ほめるか叱るか」という話ではないのです。子どもが主体性を持てているかどうか、です。ここでの「主体性」の意味は、「自分のすることは、自分で選んで決めている」という感覚のことなのです。ですからお母様、百の「ほめ言葉」よりも、たった一つしかない「名前」です。心をこめて呼びかけてあげて下さいね。

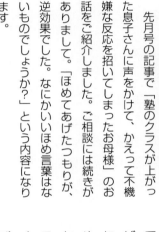

とき、変化の割合＝$a(q+p)$

＜解き方＞

(1)　直線ABの傾きは、xの値が−3から6まで増加するときの変化の割合と等しいから、$a(-3+6)=1$が成り立つ。

これより、$\boldsymbol{a=\frac{1}{3}}$

(2)　(1)より、Aの座標は、(−3、3) で、直線ABの傾きは1だから、その方程式は、$\boldsymbol{y=x+6}$

(3)　A、B、Pからそれぞれx軸に垂直な直線を引き、x軸との交点をそれぞれA′、B′、P′とすると、A′P′：B′P′＝AP：BP＝4：1より、B′P′＝$\frac{1}{3}$A′B′＝$\frac{1}{3}$×9＝3

これより、Pのx座標は、6＋3＝9

$y=x+6$に代入して、$y=15$

よって、**P(9、15)**

(4)　直線ABとy軸との交点をCとすると、C(0、6) より、OC＝6、また、A′P′＝12

よって、△OAP＝△CA′P′＝$\frac{1}{2}$×A′P′×OC＝$\frac{1}{2}$×12×6＝**36**

続いては、放物線と平行四辺形に関する問題です。

問題2

右の図のように，関数$y=x^2$…㋐のグラフ上に２点A，Bがある。y軸上に点Cをとり，四角形ADBCが平行四辺形となるように点Dをとる。

点A(−3，9)，点B(2，4) のとき，次の各問いに答えなさい。

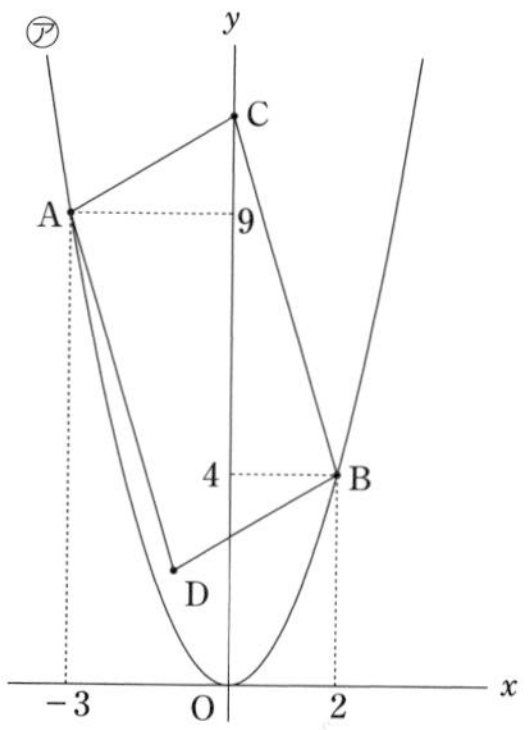

ただし，点Cのy座標は，点Aのy座標より大きいものとする。

(1)　２点A，Bを通る直線の式を求めなさい。

(2)　平行四辺形ADBCの面積が24 cm²となるとき，点Dの座標を求めなさい。ただし，座標の１目もりを１cmとする。

（三重県・改題）

＜考え方＞

(2)　△ABCの面積が平行四辺形ADBCの面積の$\frac{1}{2}$であることを利用して、点Cの座標を求めます。

＜解き方＞

(1)　直線ABの傾きは、xの値が−3から2まで増加するときの変化の割合と等しいから、1×(−3＋2)＝−1

よって、直線ABは傾き−1で、点A(−3、9)を通るから、$\boldsymbol{y=-x+6}$

(2)　△ABC＝$\frac{1}{2}$平行四辺形ADBC

また、直線ABとy軸との交点をEとすると、△ABC＝$\frac{1}{2}$×(AB間のx座標の差)×EC

(1)より、E(0、6) だから、Cのy座標をtとすると、EC＝$t-6$

よって、$\frac{1}{2}$×5×($t-6$)＝$\frac{1}{2}$×24が成り立つ。

これを解いて、$t=\frac{54}{5}$より、C(0、$\frac{54}{5}$)

よって、点A(−3、9)は、点Cをx軸方向に−3、y軸方向に$-\frac{9}{5}$移動した点である。

四角形ADBCが平行四辺形であることから、点Cから点Aへの移動と、点Bから点Dへの移動とは等しい。

よって、点Dは、点B(2、4) をx軸方向に−3、y軸方向に$-\frac{9}{5}$移動した点だから、**D(−1、$\frac{11}{5}$)**

関数$y=ax^2$のグラフに関する問題では、１問目は、定数aの値や、yの変域、放物線上の２点を通る直線の式などを求めさせる場合が一般的です。また、そこで求めた答えをもとに、２問目以降を解き進める展開になることが多いので、その意味でも１問目は確実に正解できるように基本を身につけ、ミスを出さないように心がけることが大切です。そのうえで、先月述べたことの繰り返しになりますが、図形との融合問題となっているものが多いので、たくさんの問題を解きながら関数の基本と合わせて、方程式の解法や図形の定理も確認していきましょう。

数学

楽しみmath
数学！DX

関数の基本とともに
方程式の解法や
図形の定理も確認しよう

登木 隆司先生

早稲田アカデミー　城北ブロック ブロック長
兼 池袋校校長

今月は、関数の２回目として２次関数（$y=ax^2$）を学習していきます。

初めに、関数$y=ax^2$について、覚えておくと便利な公式を紹介します。

①関数$y=ax^2$で、xの値がpからqに増加するときの変化の割合は、

$$\frac{(y\text{の増加量})}{(x\text{の増加量})}=\frac{aq^2-ap^2}{q-p}$$
$$=\frac{a(q+p)(q-p)}{q-p}=a(q+p)$$

が成り立ちます。さらに、右図でA(p、ap^2)、B(q、aq^2)とすると、$a(q+p)$は直線ABの傾きを表しています。

＊これは、$a<0$のときも成り立ちます。

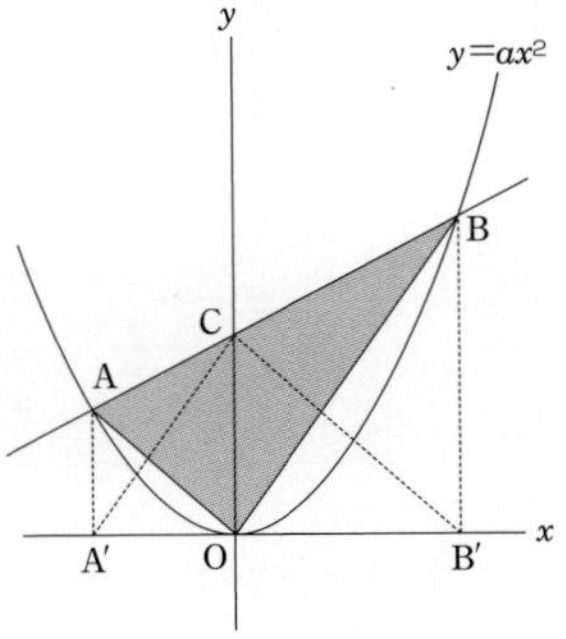

②放物線の中の三角形の面積

右図のように、A、Bからそれぞれx軸に垂直な直線を引き、x軸との交点をA′、B′とすると、

△AOB＝△A′CB′＝$\frac{1}{2}$×A′B′×OC

で求めることができます。また、

△AOC：△BOC＝AC：BC＝A′O：B′O

となる性質もよく使われます。

次は、放物線と三角形の問題で、先ほどの公式が活躍します。

問題1

図のように関数$y=ax^2$のグラフ上に，２点A，Bをとります。点A，Bのx座標はそれぞれ−3，6であり，直線ABの傾きが１であるとき，次の問いに答えなさい。

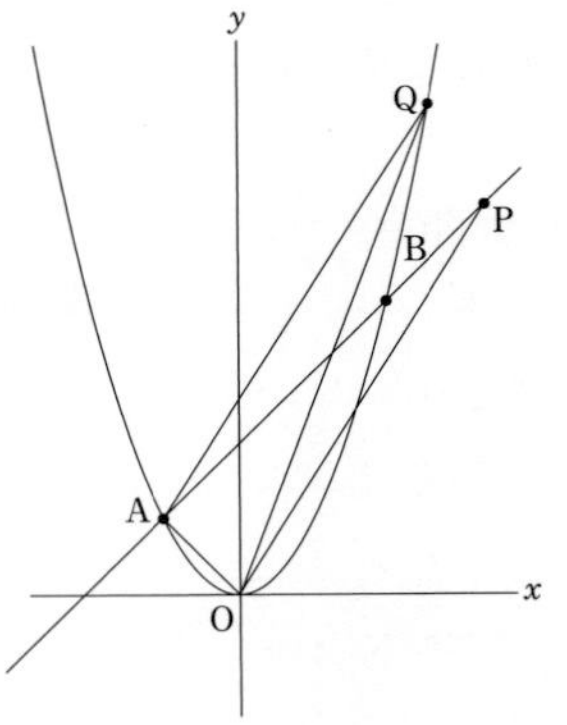

(1)　aの値を求めなさい。

(2)　直線ABの方程式を求めなさい。

(3)　直線AB上に図のように点Bより右側に点Pをとります。AP：BP＝4：1のとき，点Pの座標を求めなさい。

(4)　△OAPの面積を求めなさい。

（中央大学杉並・改題）

＜考え方＞

(1)　関数$y=ax^2$で、xの値がpからqに増加する

英語で話そう！

朝がちょっぴり苦手な中学３年生のサマンサは、父（マイケル）と母（ローズ）、弟（ダニエル）との４人家族。

ある日の朝、教室で友だちのリリーがサマンサになにか嬉しそうに話しかけてきました。新しい先生が２人のいるクラスにやって来るということです。

川村 宏一先生
早稲田アカデミー　教務部中学課
上席専門職

Lily　：Listen, I have just heard good news. …①
リリー：ねえ、たったいま、いいニュースを聞いたのよ。

Samantha：What's up, Lily ?
サマンサ　：どうしたのよ、リリー。

Lily　：A new teacher will come to our class.
　　　　She's from Japan. …②
リリー：新しい先生が私たちのクラスに来るの。
　　　　彼女は日本の出身なのよ。

Samantha：That sounds great ! …③
　　　　　I can ask her a lot of things about Japan.
サマンサ　：それはいいわね。
　　　　　彼女に日本についてたくさんのことが聞けるわ。

今回学習するフレーズ

解説①　have just 過去分詞	「ちょうど～したところです」 (ex) I have just finished my homework. 「私はちょうど宿題を終えたところです」
解説②　from ～	「～出身の」 (ex) He comes from Singapore. 「彼はシンガポール出身です」
解説③　sound 形容詞	「～のように思われる」 (ex) That sounds interesting to me. 「それはおもしろそうですね」

教えてマナビー先生！

世界の先端技術

▶マナビー先生

日本の某大学院を卒業後海外で研究者として働いていたが、和食が恋しくなり帰国。しかし科学に関する本を読んでいると食事をすることすら忘れてしまうという、自他ともに認める“科学オタク”。

search AgIC 回路マーカー

描いた線がそのまま回路になる 導電性インクでできたマーカー

理科の授業でやった電気回路の実験を覚えているだろうか。電池とランプを銅線でつないでランプを点灯させる実験だけど、うまく光ったときは、なんだかとても嬉しかったよね。

さて、今回紹介するAgIC回路マーカーとは、そんな回路を、銅線ではなく紙の上に書いた線で実現させてしまう魔法のペンだ。

ランプが点灯するのは回路がつながって電気が流れるからだけど、東京大学発のベンチャー企業が作ったのは、この回路をサインペンのようなペンで書くことで簡単に作ることができるマーカーペンなのだ。

AgIC回路マーカーで描いた銀色の線にＬＥＤランプ(上)とボタン電池(下)をテープでとめると、ＬＥＤランプが輝いた

電気が流れる回路をマーカーペンでどうやって作るのだろうか。AgICの名前は銀の元素記号AgとInk Circuitの合成語だ。つまり、銀を含んだ伝導性のインクがマーカーには入っているっていう意味だ。

このマーカーペンを使って専用の用紙に書くと、インクが紙にコーティングしてある物質と反応し、あっという間に乾いて電気が通る回路に早変わりする。すごく簡単だ。あとは電池やLEDランプなどの部品を、書いた線の上に置くだけで回路を簡単に作ることができる。

このマーカーを使えば、ほかにも色々なことがわかる。同じ回路を細い線で書いたものと太い線で書いたものを作ってLEDランプを光らせてみると、太い線で書いた回路の方が明るく光る。太い線の方が電気抵抗が少ないことを、目で見て簡単に理解することができるというわけ。

紙に書くのだからデザインするのも楽しいし、紙を折り曲げて折り紙のように使っても回路は生きている。光る折り紙なんて楽しいね。君も考えた回路をどんどん書いてみよう。間違ったら消せばいいんだ。さまざまな回路を簡単に試せるのは、本当におもしろい。

1本1,200円程度で市販されているAgIC回路マーカー

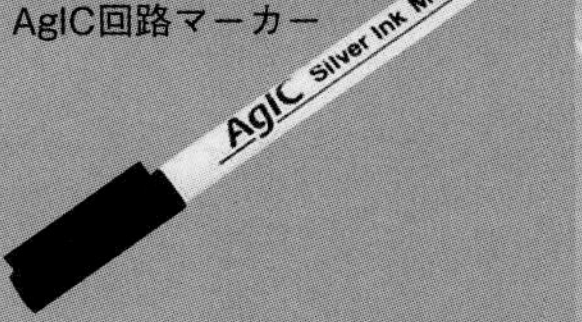

このインクはプリンターのインクと交換してプリンターでも使えるようになっている。パソコンを使って描いた絵が電子回路に早変わりするんだ。使い方次第で色々な応用が広がりそうだ。

すでに市販されているから、夏休みに、このペンやインクを使って電子工作をやってみてはどうだろう？

［学校説明会］平成27年

10／17(土) **11／7**(土) **11／28**(土) **12／5**(土)

対象／保護者・受験生（詳細はHPをご覧ください）
会場／國學院高等学校（全て同じ内容です）
時間／14：00～（10/17のみ10：30・14：30の2回）

［文化祭］平成27年

9／20(日)・**21**(月・祝)

会場／國學院高等学校（参観できます）

ACCESS

■ 銀座線
「外苑前駅」より……………徒歩5分

■ 総武線
「千駄ヶ谷駅」より………徒歩13分
「信濃町駅」より……………徒歩13分

■ 大江戸線
「国立競技場駅」より……徒歩12分

■ 副都心線
「北参道駅」より……………徒歩15分

KOKUGAKUIN Univ.

國學院高等学校

〒150-0001　東京都渋谷区神宮前2丁目2番3号
Tel：03-3403-2331（代）　Fax：03-3403-1320　http://www.kokugakuin.ed.jp

Bungou Retsuden

古今文豪列伝

第10回

泉《いずみ》鏡《きょう》花《か》

Kyoka Izumi

金沢が生んだ3人の文豪の最後は泉鏡花だ。

鏡花は1873年（明治6年）11月、金沢市で生まれた。父は加賀藩細工方のかざり職人だった。かざり職人とは金銀などに細工をする職人のことだ。母は加賀藩役者方の太鼓を担当する者の娘だった。

1880年（明治13年）、市内の小学校に入学するが、4年生のとき、母が妹を産んでそのまま亡くなってしまった。このことは鏡花に強い衝撃を与えたといわれている。

翌年、高等小学校に入学し、その翌年にはミッションスクールである北陸英和学校に進学、英語を勉強し始めた。だけど2年後に退学。

そのころ、尾崎紅葉の小説を読んで感動、上京して紅葉を訪ね、入門を許され、そのまま紅葉の家に書生として住み込んでしまう。1889年（明治22年）のことだ。

1893年（明治26年）には、紅葉の斡旋《あっせん》もあって、京都日出新聞に『冠《かんむり》弥左衛門《やざえもん》』を連載したんだ。鏡花の処女作だね。20歳のときだ。

その後、『活人形《いきにんぎょう》』『金時計』『他人の妻』などを発表、その後に発表した『義血侠血《ぎけつきょうけつ》』が好評を得て、作家として知られるようになる。

1895年（明治28年）には日清戦争後の高揚感のなかで、『夜行巡査』『外科室』を発表、人間解放の意欲を感じる作品だとして高い評価を得た。

翌1896年には『化銀杏《ばけいちょう》』を発表、人間の暗い心境をえぐった。

同年、『誓《ちかい》の紙』『照葉《てりは》狂言《きょうげん》』などの少年物に挑戦、ロマン主義的な作風といわれた。

その後は1899年（明治32年）に『湯島詣《ゆしまもうで》』、1907年（明治40年）に『婦系図《おんなけいず》』などの通俗的ともいえる作品を発表した。そんななかで、1900年に発表した『高野聖《こうやひじり》』は鏡花の女性観、夫婦観を語るとともに、神秘に対する深い関心を示したロマン主義の頂点ともいえる代表作となった。作中人物の話術の巧みさは高い評価を得たんだ。このロマン主義は10年後の『歌行灯《うたあんどん》』に結実していく。

鏡花のロマン主義は自然主義からは排斥されたが、永井荷風、谷崎潤一郎、川端康成らに大きな影響を与えたんだ。

晩年は大した作品を残さず、1939年（昭和14年）、がん性肺腫瘍のため死去、65歳だった。

今月の名作　～泉鏡花　『高野聖《こうやひじり》』～

『高野聖・眉かくしの霊』
460円＋税
岩波文庫

山中で道に迷った旅の僧が、魔力を持った不思議な美女に出会う。美女は触れた男性を醜いけものに変えてしまう力を持っていた。僧は美女に誘惑されるが、危うくその難を逃れる。その僧が晩年、物語りする形式で書かれている。

みんなの数学広場

TEXT BY かずはじめ

数学を子どもたちに、楽しく、わかりやすく、使ってもらえるように日夜研究している。好きな言葉は、"笑う門には福来る"。

A
×
B
×
C
○
A
×
B
×
C
○
A
×
B
×
C
○

初級～上級までの各問題に生徒たちが答えています。
どの生徒が正しい答えを言っているか当ててみよう。
もちろん、当てずっぽうじゃなく、実際に問題を解いてみてね。

問題編

答えは次のページ

上級

くさび型文字で書かれたバビロニア（メソポタミア）数字は 10 進法ではなかったそうです。では、それは何進法でしょう？

A
答えは・・・
2進法
シンプル・イズ・ベスト！
B
答えは・・・
24進法
1日は24時間だから。
C
答えは・・・
60進法
昔は独特だったんだよ。

中級

古代ギリシャでは３大問題という難問があって、当時はだれも解けなかったそうです。次のなかで３大問題に該当しないものは？

・角を三等分　・角を五等分　・円と同じ面積の正方形を作る

A
答えは･･･
角を三等分
難しそうでしょ？

B
答えは･･･
角を五等分
5つには分けられないと思う。

C
答えは･･･
円と同じ面積の正方形を作る
ぼくが全然わからないから。

初級

18世紀のドイツに生まれた数学者で、歴史上最も偉大な数学者とも言われ、「ぼくは言葉を話すようになる前から計算をしていた」と述べたのはだれ？

A
答えは･･･
オイラー
「オイラーは言葉を…」
なんちゃって

B
答えは･･･
ガウス
有名だよね！

C
答えは･･･
フーリエ
この前テレビで見たような気がする。

上級

正解は C

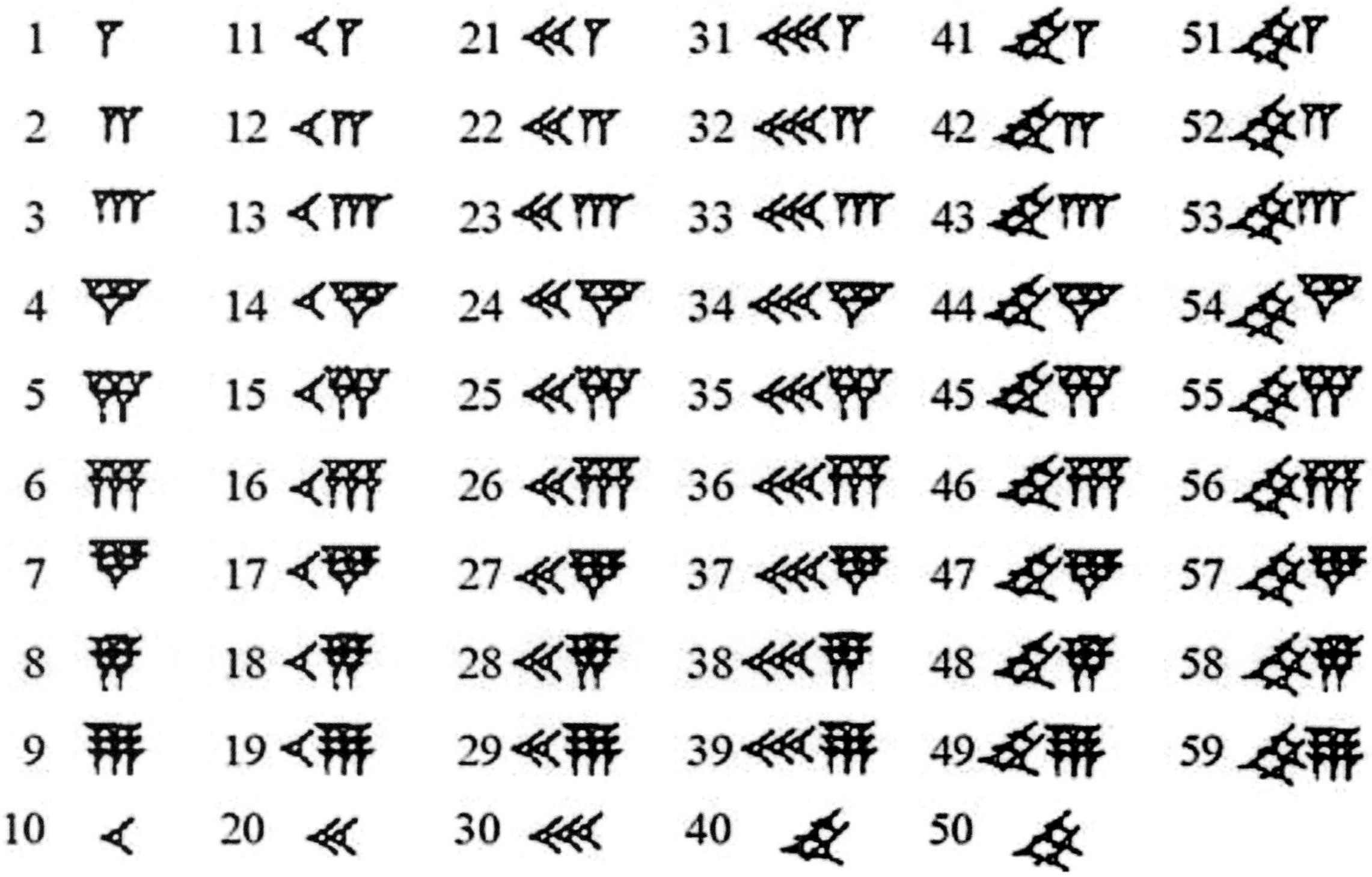

この表を見てください。

すごいですね。60 進法は 60 個目に繰り上がるということで、ちょうど、1時間が 60 分と同じ考え方です。59 分の次の 1 分後に 1 時間プラスされて、1分、2分、3分…と進むのが、60 進法です。このバビロニア数字も 59 の次で位が繰り上がるのですね。

A ×

2進法じゃどんどん桁が上がって大変！

B ×

発想はちょっと近かったね。

C 正解

中級

正解は B

角を５等分もしてどうするのでしょうか…。
ちなみにもう１つは、「立方体の体積が倍になるように立方体の辺を作る」です。どれもこれも難しいですね～。

A ×

これは難問！

B 正解

C ×

実際にやってみよう。

初級

正解は B

言葉を話すようになる前から…。すごいですね。
ガウスさんはカール・フリードリヒ・ガウスといい、数学者であると同時に天文学者、物理学者でもありました。数学のさまざまな分野で多大な功績がある人です。知らなかった人はぜひ一度調べてみてください。

A ×

見事なダジャレだけど(笑)。

B 正解

C ×

なんの番組を見たのかな？

憧れの上智大で楽しいキャンパスライフを送っています

上智大学

経済学部
経済学科2年
清水《しみず》 智之《ともゆき》さん

特色ある2つの必修科目

——上智大を受験しようと思ったのはなぜですか。

「経済系か法律系の学部に進学したいと思ってはいたものの、早慶上智のうちどこを受けようか迷っていたので、まずはそれらの大学の過去問を解いてみました。そのなかで一番相性がよかったと感じたのが上智大の問題だったので、上智大を第1志望としてめざすことに決めました。

　中高時代のサッカー部の先輩が上智大に通っていたというのも一因です。小学4年生からやっていたサッカーを大学でも続けるつもりだったので、その先輩といっしょにプレーしたいという気持ちがあったんです。」

——経済学科ではどんなことを学んでいますか。

「1・2年次の必修科目は『ミクロ経済学Ⅰ』と『マクロ経済学』です。どちらも難しいですが、集中して講義を受けるときちんと内容が理解できるので勉強になります。

　必修はこの2科目と英語だけで、残りは選択必修科目や選択科目のなかから自分のとりたい科目を選びま

中高時代の勉強

音読で伸びた英語力

　英語の音読は本当におすすめです。大学受験時に英語が伸び悩んで困っていたので友だちに相談したところ、音読をすすめられました。それが大学入試センター試験1カ月前の12月末のことでした。それからセンター試験までの1カ月間、時間の許す限り何度も繰り返し英単語帳を音読したところ、過去問の点数が7割から9割にあがり、リスニング問題も大幅に得点がアップしたんです。

　音読のコツは、発音は気にしなくてもいいのできちんと声に出して読むことです。そして、和訳を頭に入れようとしながら読んでみてください。最初は難しいと思いますが、慣れると頭のなかでいちいち和訳をしなくても自然と意味がわかるようになるので、長文を読むスピードがかなり速くなります。音読の効果は聞いてはいたものの、実際にやるまでは半信半疑でしたが、効果がみるみる現れたので本当に驚きました。

時間配分を決めよう

　過去問などを解くときに、まず最初の1分で、どの問題に何分かけるかを決めるようにします。最初は大体5分、10分くらいとアバウトに時間を設定していましたが、それでは最後に時間が足りなくなってしまっ

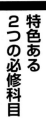

清水さんが試験勉強でよく使う上智大の図書館

サッカー部が練習するグラウンド

す。選択必修科目は『統計学』や『経済数学解析』など、経済に特化した科目が多いですが、選択科目は経済学部経営学科や法学部で開講されているような科目もあります。

『経済数学解析』は数学ⅢCの勉強を経済学に応用する科目です。文系だったので高校で数学ⅢCを習っておらず苦戦しています。高校では文系の生徒のなかでは数学ができる方でしたが、大学の勉強はやはり難しいですね。『財務諸表論』では、収支などについて細かく記されているバランスシートというものを使用して、さまざまな企業の財務面を分析しています。この前はユニクロを取りあげました。」

――上智大の特徴的な講義について教えてください。

「上智大では1年次に『キリスト教人間学』が必修です。キリスト教の教えや人とのかかわり方などを学ぶもので、各自、10種類ほどのテーマのなかから選びます。私は『祈りの人間学』『かかわりの人間学』というテーマを履修しました。

もう1つ必修なのが『ウエルネスと身体』です。普通の体育のような科目ではなく、例えば、1人は目隠しをして、もう1人がその補助としてつきそいながらキャンパス内を歩くなど、身体を動かしながら健康や福祉についても考える講義です。」

――なにか部活動に所属していますか。

「上智大のサッカー部でキーパーをしています。キーパーはメンタル面が重要なポジションで、1度ミスをして点が入ってしまいチームが負けたら、それまでどれだけいいプレーをしていたとしてもそれが台無しになるんです。練習は週6日で、上智大の真田堀グラウンドや、抽選に当たれば周辺にある公共の運動施設などの人工芝グラウンドを使うこともあります。

夏休みには合宿へ行きます。全員で同じ場所へ行く場合と、ABCチームに分かれて異なる場所へ行く場合があり、今年は後者です。私が所属するAチームは長野県で練習したあと移動して、他校との練習試合に臨む予定です。」

――これからの目標を教えてください。

「勉強面の目標としては、これからもっと英語に力を入れて勉強したいと思っています。3年生から始まるゼミについても、ゆっくり考えていきたいです。」

たので、3分、7分、というように細かく設定し、最後に時間が余るようにしました。設定した分数で解けなかった問題は潔く捨てる勇気を持つことも大切です。全部解いたあとに余った時間で戻ればいいですし、先に進んで戻ったからこそひらめいて解けるということもありますよ。

大学生活エトセトラ

上智大ならではの…

キャンパスが都心にあるので、敷地があまり広くありません。そのため、授業と授業の合間には人があふれかえっていてなかなか移動することができないのですが、その光景が結構おもしろいです。

また、キリスト教の大学なのでキャンパス内には教会があり、12時と18時には鐘が鳴ります。

受験生へのメッセージ

ポジティブな気持ちで

受けた模試の結果が悪かったら、だれでも落ち込んでしまうと思います。そのときに、「これは志望校が作ったものじゃないから点数が低くてもいいんだ」とポジティブに考えてみてください。もちろん点数が高いにこしたことはありません。でも、落ち込んだままネガティブな気持ちを引きずってしまうよりは、「模試はダメだったけど本番は大丈夫」だと気持ちを切り替えてポジティブな気持ちを持った方がいいと思います。

コース再編で3つのコースが誕生

文京学院大学女子《ぶんきょうがくいんだいがくじょし》高等学校

所在地　東京都文京区本駒込6-18-3
アクセス　JR山手線・地下鉄南北線「駒込駅」・JR山手線・都営三田線「巣鴨駅」徒歩５分
TEL　03-3946-5301　　URL　http://www.hs.bgu.ac.jp/

２０１２年度（平成24年度）にスーパーサイエンスハイスクール（ＳＳＨ）、２０１５年度（平成27年度）にスーパーグローバルハイスクール（ＳＧＨ）アソシエイトに指定された文京学院大学女子高等学校（以下、文京女子）。２０１５年度よりコース制度を一新し、「国際教養」「理数キャリア」「スポーツ科学」の３コース制となりました。

広報企画主任の床爪克至先生は、「これからの世の中では、なにかを探究して発信していく力が必要とされます。そうした力を高校時代に身につけ、自分の得意分野を伸ばしてもらうために、コースを再編しました。生徒には、自分にしかできないことを見つけてその部分を磨き、社会貢献できるような人材へ育ってほしいと思っています」と話されます。

今回はそんな3つのコースそれぞれの特徴をご紹介します。

3つのコース

国際教養コース
スポーツ科学コース
理数キャリアコース

【国際教養コース】
SGHアソシエイト指定でさらに充実した教育を実践

国際教養コースでは、ＳＧＨアソシエイト校として国際的な視野を持った探究力を養います。

アドバンストクラスでは、多読、多書、多聴をベースにした質の高い英語の授業や、放課後の国際塾、25日間の英語研修をはじめとした多彩な海外研修プログラム、3カ月、１年間留学などを通し、英語力も鍛えます。高2からスタートするαクラスでは、卒業までに英語で論文が書けるような力を身につけさせ、ＳＧＵ（スーパーグローバルユニバーシティ）や海外大学（提携大学も複数あり）へスムーズに導きます。βクラスでは、英語力を伸ばしつつ、文系全般の学力を引きあげ、難関突破にチャレンジします。スタンダードクラスは、学力だけではなく、多面的な能力を引き出し、国際社会に貢献できる、明るく、心豊かな人材を養成します。

基本教科の授業に加えて、国際性も身につけられるような独自科目を設定しており、前述の国際塾には、他コース生も受講できる色々なプログラムがありますが、国際教養コース生用に、プレゼンテーションやエッセイライティングなどの特別な講座が開かれています。また、希望者を対象とした25日間のアメリカ語学研修は、「今年からスタートしましたが、私たちの予想を上回る応募者がいました」（床爪先生）という人気ぶりで、全員参加の研修旅行もオーストラリア・マレーシア・九州から行き先を選択できます。

夏休みには、午前中は学校で講習を受け、午後は外務省やＪＩＣＡなどの施設を訪問するグローバルスタディーズセミナーを実施。講習では、英字新聞を読んだり、国際社会の問題点を英語で学んだりと、普段の授業とはひと味違った内容を扱います。

【理数キャリアコース】
これまで培ってきたSSHの教育を継承

文京女子では、今回のコース再編前から理数教育に特化したクラスを設置し、SSHとしての強みを活かした理数教育を展開してきました。新設された理数キャリアコースは、従来から行われてきた教育ノウハウを引き継ぎ、国際的に活躍できる研究者を育成するための教育を実践しています。

このコースには、アドバンスト、スタンダードの2種類のクラスがあり、高2進級時に入れ替わる可能性もあります。どちらのクラスでも、通常授業のほかに、SS数理演習、SSプレカレッジなどの学校独自科目や課外のSSクラブで「課題研究」に取り組みます。探究力に加え、英語での発信力養成にも力を入れています。

『SS国際情報』『SSコミュニケーション』という、英語で科学を教わる授業が生徒たちには好評です。授業担当のアラン先生は元々科学者で、論文とプレゼンテーション指導のエキスパートです。」（床爪先生）

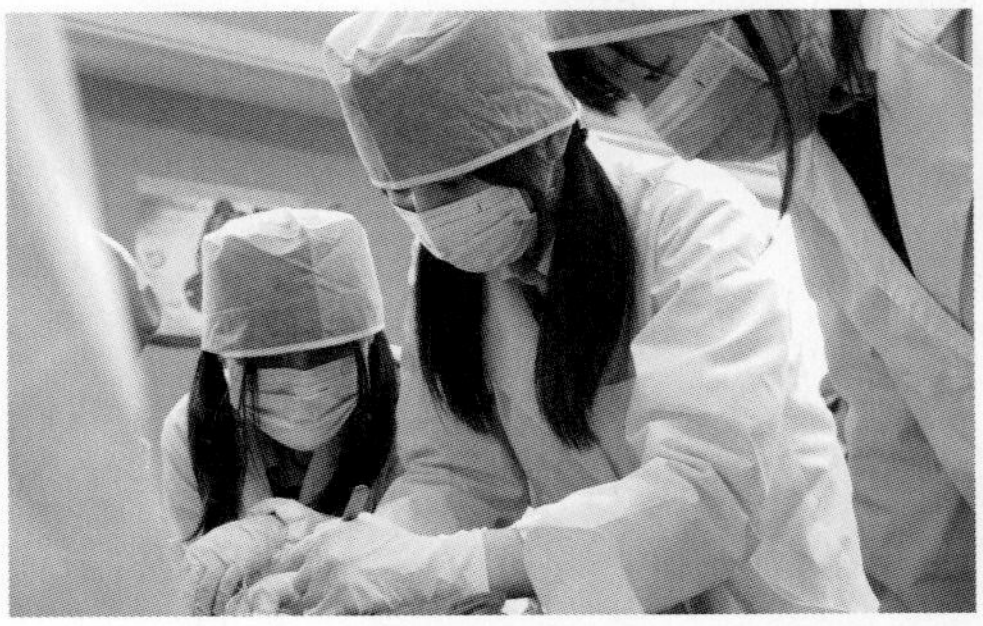

連携教育も魅力的で、タイのプリンセス・チュラボーン高校とはポスター発表会や共同研究を行い、科学英語を実践する場となっています。そのほか、東京理科大、芝浦工大、工学院大との高大連携プログラムや、小中学生への実験指導なども実施しています。

将来、科学者として活躍するために必要不可欠な数学の力を伸ばす「科学塾」や、グループに分かれてそれぞれ興味のあるテーマについて研究していく「SSクラブ」などに参加しながら、学力と探究力をバランスよく伸ばしていける環境があります。

【スポーツ科学コース】
スポーツ科学に精通する人材を育成

コース再編によって新たに設置されたのが、スポーツ科学コースです。「本校には、元々スポーツにかかわる仕事につきたいという生徒が多くいました。東京オリンピックの開催も決定し、これからスポーツに関する分野の人材がどんどん求められる時代になるとの考えから生まれたコースです」と床爪先生。

勉強と運動部の活動を両立するためのバックアップ体制が万全に整えられているため、無理なく文武両道を実践することができ、スポーツ・サイエンス・ラボでの探究活動を通して、将来に直結するようなスポーツ科学分野の知識を身につけていきます。

高2が参加する海外スポーツ研修では、オーストラリアのクレイフィールド校という、スポーツが盛んな高校を訪れます。生徒たちはこの研修旅行に備えて、自分の得意なスポーツを現地の学生に英語で教えられるよう、語学力を伸ばしていきます。そして、現地ではサッカーやバレーボールなどをお互いに教えあったり、文京女子生にはなじみのうすい水泳を教わったりと交流を深めていくなかで、スポーツをするうえで大切なチームワークの重要性も学んでいくのです。

【説明会情報】

■学校説明会
8月29日（土）10:00～/14:30～
10月24日（土）14:30～
11月 6日（金）18:30～
11月28日（土）10:00～※
12月 4日（金）18:30～
12月 6日（日）10:00～※
※個別相談会同時開催

■オープンキャンパス
9月15日（火）10:00～/11:00～
9月19日（土）10:00～/11:00～

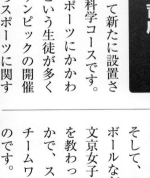

サクニュー！ニュースを入手しろ!!

SUCCESS News

産経新聞編集委員 大野敏明

今月のキーワード
公職選挙法改正

国会議員や地方議員などを選挙で選ぶことのできる年齢を定めた公職選挙法が６月に70年ぶりに改正され、これまでの20歳以上から18歳以上に引き下げられました。改正公選法は１年後に施行される予定で、来年７月には18歳以上の日本人は選挙権を持つことになります。この結果、来年夏に予定されている参議院選挙では、18歳や19歳の人が投票に行くことになります。

初めて国会議員の選挙が行われた1889年（明治22年）は、年間15円以上の直接国税を納めている25歳以上の男性だけに選挙権が与えられました。このとき、選挙権を与えられたのはすべての国民の20%強にすぎませんでした。

納税額は1900年（明治33年）には10円に、1919年（大正８年）には３円にそれぞれ引き下げられましたが、国民からは納税額に関係なく選挙ができる普通選挙の実施を求める声が高まりました。これを普選運動といいます。

このため、政府は1925年(大正14年)に、納税額に関係なく、すべての25歳以上の男性に選挙権を与える普通選挙の実施に踏み切ることになりました。しかし、女性の選挙権は認められませんでした。

第二次世界大戦後の1945年（昭和20年）、日本を占領していた連合国軍総司令部（GHQ）の命令で、20歳以上のすべての男女に選挙権が与えられることになりました。

しかし、戦後、投票率が少しずつ下がるようになりました。1967年（昭和42年）の衆議院選挙では72%もあった投票率が、昨年12月の衆議院選挙では53%にまで落ち込みました。とくに若者の選挙離れが激しく、20代でみると、1967年の選挙での投票率は67%でしたが、昨年の選挙では33%にまで下がっています。20代の若者のじつに３人に２人は投票に行っていないのです。

⬆PHOTO
選挙権年齢を「18歳以上」に引き下げる改正公職選挙法を全会一致で可決、成立させた参院本会議（2015年6月17日午前、東京・国会内）写真：時事

政府は期日前投票をしやすい制度に改革したり、投票時間の延長などの措置をとりましたが、投票率の改善、向上にはいたりませんでした。

こうしたことから、若者に選挙への関心をもってもらおうと、選挙年齢の引き下げに踏み切ったわけです。しかし、18歳や19歳の新有権者の投票率が20歳代よりも下がれば、全体の投票率も現在よりも下がります。また、18歳というと高校３年生で達する年齢なので、高校生でも有権者としての自覚を持てるかといった問題も指摘されています。

あれも日本語 これも日本語

「タヌキ」にちなむ慣用句

前回はキツネだったから、今回はタヌキにちなむ慣用句についてみてみよう。キツネ同様、タヌキも昔から人を化かす動物と考えられていたんだ。

「捕らぬタヌキの皮算用」。昔はタヌキの毛皮は防寒用として高く売れていた。そのタヌキをまだ捕らえていないのに、皮を売ってもうけたらどうしようか、などと計画を練ることだ。そこから、手に入れていないのに、手に入れたらどうするかを算段する意味で使われる。「宝くじが当たったら、新しいパソコンを買いたい」などというのは「捕らぬタヌキの皮算用」ということだね。

「タヌキ寝入り」。タヌキは臆病な動物で、驚いたり、敵に襲われたりすると、死んだふりをする。それが寝ているふりに見えることから出た言葉だ。空寝、ウソ寝のことだ。

「タヌキおやじ」。タヌキは人をたぶらかすということから、年をとってずるがしこくなった男性を罵る言葉だ。そういえば、夏目漱石の『坊っちゃん』に登場する校長先生のあだなは「タヌキ」だったね。

「タヌキの腹鼓《はらつづみ》」。タヌキは満月の夜に腹をたたいて喜ぶとされていて、そこから出た言葉だ。タヌキの腹は大きく、満月に似ているところから連想されたんだろうね。千葉県木更津市の証《しょう》誠寺《じょうじ》にはタヌキ伝説があって、それをテーマにした「証誠寺の狸囃子《たぬきばやし》」という童謡があるよね。

「タヌキばやし」。童謡でも歌われているタヌキばやしは、深夜にどこからともなく聞こえてくる音のことだ。それを、昔の人は人を化かすタヌキが出していると考えて、「タヌキばやし」というようになったんだ。実際にはタヌキとは関係ないよ。

「タヌキ顔」は文字通り、丸い人なつっこい顔のことだけど、昔からあまりいい意味で使われてきたわけではないので、人には使わないようにしよう。

「タヌキうどん」はみんなも知っていると思う。テンカスの入っているうどんのことだ。そばならタヌキそばだね。テンカスは天ぷらの衣だけで中身のネタ（タネ）が入っていない。タネを抜いた＝「タヌキ」というわけだ。油揚げを入れたキツネうどんに対抗して名づけられたという説もあるよ。タヌキとは直接の関係はなさそうだね。

真の文武両道を追求しよう!

東大、一橋大、大阪大 合格!
医学部医学科 6名合格!

東大、一橋大、大阪大、福井大(医・医)、筑波大
お茶の水大、早稲田大、慶應大、上智大、東京理科大
など難関国公立大、私立大学多数合格!

国公立大	54名	早慶上理	92名
医歯薬看護	66名	G-MARCH	222名

8部活が全国大会出場!
野球部、女子バレー部、水泳部、陸上部、HIPHOP部
吹奏楽部、パワーリフティング部、管弦楽部

◆ 入試説明会(予約不要)
(いずれも10:00〜)

- 9月27日(日)
- 10月18日(日)
- 11月22日(日)
- 11月29日(日)

◆ 個別相談会(予約不要)
(いずれも10:00〜14:00)

- 9月27日(日)
- 10月18日(日)
- 11月22日(日)
- 11月29日(日)
- 12月20日(日)
- 12月23日(祝)

◆ 入試日程

<第1回入試> 1月22日(金)
<第2回入試> 1月24日(日)
<第3回入試> 2月 1日(月)

春日部共栄高等学校

〒344−0037 埼玉県春日部市上大増新田213 ☎048−737−7611
東武伊勢崎線春日部駅西口からスクールバス(無料)で7分
http//www.k-kyoei.ed.jp

ミステリーハンターQの
歴男歴女養成講座

ミステリーハンターQ（略してMQ）
米テキサス州出身。某有名エジプト学者の弟子。1980年代より気鋭の考古学者として注目されつつあるが本名はだれも知らない。日本の歴史について探る画期的な著書『歴史を堀る』の発刊準備を進めている。

春日 静
中学１年生。カバンのなかにはつねに、読みかけの歴史小説が入っている根っからの歴女。あこがれは坂本龍馬。特技は年号の暗記のための語呂合わせを作ること。好きな芸能人は福山雅治。

山本 勇
中学３年生。幼稚園のころにテレビの大河ドラマを見て、歴史にはまる。将来は大河ドラマに出たいと思っている。あこがれは織田信長。最近のマイブームは仏像鑑賞。好きな芸能人はみうらじゅん。

応仁の乱

今回は、１４６７年から始まった応仁の乱について学ぶよ。11年間続いた争いの原因と結果をしっかり確認しよう。

MQ 前回の東山文化で、応仁の乱の影響があったことを話したけど、今回は応仁の乱について調べてみよう。

勇 室町時代の乱だよね。

MQ １４６７年（応仁元年）から１４７７（文明９年）までの11年間、京都を中心に戦われた乱だ。応仁・文明の乱ともいう。

静 だれとだれが戦ったの？

MQ 度重なる飢饉《ききん》、地方での一揆が相次ぐなか、室町幕府内でも後継者などをめぐる権力争いがあとを断たなかったんだ。６代将軍義政には子がなく、実弟の義視《よしみ》を後継者にしようとした。義視は辞退したけど、再三の要請で受けた。ところが、その後、義政に義尚《よしひさ》が生まれ、義政と義視は対立するようになる。そこに有力守護大名で、幕府の権力を２分していた細川勝元《ほそかわかつもと》と山名宗全《やまなそうぜん》の対立が加わって戦いが始まったんだ。

勇 じゃあ、原因は将軍の相続の問題だったの？

MQ それもからんでいたというわけだ。細川、山名の主導権争いもあり、さらには管領《かんれい》家をはじめ、地方の守護大名も巻き込んでの戦いになっていった。

静 管領家ってなあに？

MQ 将軍の補佐役で、実際の政治を取り仕切る役だ。三管領といって畠山《はたけやま》、斯波《しば》、細川の足利氏一族が任命された。

勇 乱はいつまで続いたの？

MQ 11年間も続いたんだ。その結果、京都は焼け野原になってしまい、幕府の権威は一気に衰え、実質的な支配地は山城（現在の京都府南部）一国だけになってしまったんだ。

静 地方はどうだったの？

MQ 幕府の権力が落ちたことで、一揆が盛んになった。１４８５年（文明17年）には山城国一揆が起こり、一時期、自治が行われた。１４８８年（長享２年）には加賀（現在の石川県南部）では一向宗徒が守護を追放して一向一揆を起こし、１００年にわたって自治をしたんだ。下の者が上の者を実力で倒す下剋上《げこくじょう》の風潮がまん延したんだね。

勇 無秩序状態だね。

MQ 国人《こくじん》と呼ばれる、地方豪族などが勢力を拡大、さらには国人内部の権力闘争も激しさを加え、室町幕府は完全に形骸化《けいがいか》してしまったんだ。16世紀中ごろからは、日本全土は無秩序状態になり、戦国時代に突入する。その意味では、応仁の乱は戦国時代への幕を切って落とした乱だったといえるね。

妖怪っているのかな？

映画 妖怪人間ベム

2012年／日本
監督：狩山俊輔

『映画 妖怪人間ベム』
Blu-ray発売中
5,800円＋税
発売元：バップ

美しい心を持つ妖怪３人の物語

「妖怪人間ベム」は約50年も前に放映されたアニメです。2011年に実写版のドラマが放映され人気を博し、劇場版である本作が上映されました。

主人公は「人間になりたい」と願う妖怪ベム、ベラ、ベロ。醜い見た目とは裏腹に正義の心を持ち、人間社会にはびこる悪と戦っています。ある日、ベロは足の不自由な人間の少女みちると出会い、恋に落ちます。しかし、親しくなるにつれ、彼女の家族に起きた奇妙な出来事を知ることになるのです。事故で亡くなったはずのみちるの母がじつは…。

この映画では、人間が持っている善悪の悪の部分が描かれています。見た目は妖怪の３人よりも美しいかもしれませんが、心は断然醜い人間。しかし、ベムたちは人間に憧れています。寡黙で優しいベム、冷酷に見えて情に厚いベラ、純粋で可愛いベロ。人間は、美しい心を持った彼らが憧れるような存在なのだろうかと考えさせられてしまいます。

ベムたちが悪と戦う迫力満点のアクションシーンも見所の１つ。こんな妖怪たちがいたら会ってみたいですね。

河童のクゥと夏休み

2007年／日本
監督：原恵一

『河童のクゥと夏休み』
Blu-ray発売中
4,800円＋税
発売元：アニプレックス
販売元：ソニー・ミュージックマーケティング

河童と少年の交流を描くアニメ

頭の上にはお皿、背中には甲羅がある妖怪といえば河童。もしも河童が目の前に現れたら、あなたはどうしますか。

小学生の康一は、ある日偶然に河童の子ども・クゥに出会います。クゥは仲間の河童たちと江戸時代に生きていたはずなのに、不思議なことに現代へ。クゥは人間に対してとまどいを感じつつも、ほのぼのとした康一とその家族の優しさに触れ、次第に心を開いていきます。まるで兄弟のように仲良く過ごしていましたが、やはり仲間のところに帰りたいと言うクゥ。しかし、現代にクゥ以外の河童はいません。そして、いつしかクゥのことが世間に知れ渡り、周囲から好奇の目にさらされることに…。

この作品では、クゥの故郷である美しい自然がなくなってしまったという自然破壊や、康一がクゥを飼っていることで友達からねたまれる存在になってしまうといういじめなどもテーマに盛り込まれています。康一はクゥと出会ったことでそういった問題について考えひと回り成長していきます。みなさんはクゥと康一の姿からなにを感じるでしょうか。

妖怪大戦争（2005）

2005年／日本
監督：三池崇史

『妖怪大戦争（2005）』
DVD発売中
4,700円＋税
発売元・販売元　株式会社KADOKAWA

個性あふれる妖怪が勢ぞろい！

1968年に公開された同名映画のリメイク版で、妖怪たちの一大騒動を描いた物語。水木しげる、京極夏彦、宮部みゆき、荒俣宏といったメンバーが原案に参加しています。

主人公の少年・タダシは夏祭りのイベントで、「麒麟送子《きりんそうし》」に選ばれます。麒麟送子とは、世界に平和をもたらす子どものことで、天狗山の洞窟に行くという役目があります。天狗山へ出発したタダシは、そこで恐ろしくも愉快な妖怪たちに出会うのです。しかし一方で、怨念を持つ悪霊たちとの戦いにも巻き込まれてしまいます。力では圧倒的に悪霊が有利ですが、大天狗、ろくろ首、雪女など、日本中の妖怪たちが大集合！　個性あふれる妖怪たちが、知恵とユーモアで応戦し楽しませてくれます。麒麟送子であるタダシ、そして戦いの行方はいったいどうなるのでしょう。

注目したいのは豪華な出演陣。岡村隆史、阿部サダオ、竹中直人などが巧みな特殊メイクで素顔を隠し妖怪に扮しています。だれがどの役を演じているのか、みなさんはわかりますか。

大自然と本と旅が育んだ 枠にとらわれない生き方

◆『国境のない生き方 私をつくった本と旅』

著／ヤマザキマリ
価格／740円＋税
刊行／小学館

地球サイズで見れば 悩みなんてハナクソ。

大好評重版！

今月の1冊 『国境のない生き方 私をつくった本と旅』

古代ローマ時代が舞台の漫画『テルマエ・ロマエ』。浴場専門の設計技師ルシウスが、ふとしたきっかけから現代日本の浴場にタイムスリップし、そこにいる「平たい顔族」（日本人）の浴場や温泉からインスピレーションを得て、戻った自分の時代で革新的な浴場を次々と生み出していくという内容で人気を博し、映画化もされた。

その『テルマエ・ロマエ』を世に送り出した漫画家のヤマザキマリが初めて海外を旅したのは14歳のとき。しかも、1人っきりで、1カ月にわたってフランス、ドイツ、ベルギーをめぐるというものだった。宿泊するはずだったホテルに泊まれなかったりと、旅の始まりからトラブル続き。

しかし、この旅で知りあったイタリア人陶芸家のマルコじいさんとの縁から、高校を中退してイタリアに移り住み、それからシリア、ポルトガル、アメリカ暮らしを経て、現在はイタリアに居を構えている。

今回紹介する『国境のない生き方 私をつくった本と旅』は、どんな幼少期を過ご

し、どんな本を読み、どんな場所を訪れ、なにを感じながら成長して「ヤマザキマリ」がつくられていったのかが、本人によって綴られた一冊だ。

北海道で過ごした幼少時代。母からのプレゼントはいつも本で、たくさんの本を読んだ一方、大自然のなかで走り回る「野性の子」でもあった。「やるべきことがあって、自分が志を持って生きているのなら、それで十分やっていける」と考えている母のもとで育ったマリ少女は、周りの人たちが思う型からはみ出すことにちゅうちょがない。

閉塞感を感じたら、移動してみる、旅をしてみるといい。そうすることで問題が解決するかはわからないけれど、自分がなににとらわれているかが見えてくる。そう著者は言う。全員が彼女のように生きられるわけではなくても、その生き方には、これからみんながさらに年齢を重ねていくなかで役立つエッセンスが散りばめられている。たくさんの国のこと、そして本や映画についても語られていて、教養としても楽しめるよ。

東京大学・東京工業大学・早稲田大学・慶應大学
GMARCH 以上　合計 198 名
医学部 7 名・薬学部 11 名
合格合計 451 名（現役生 163 名結果）

2015 年度 大学合格情報

- 東京大学 1・東京工業大学 1・千葉大学 3
  首都大学東京 1 他…………………… 国公立計 9 名
- 早稲田大学 30・慶應義塾大学 10・上智大学 6
  東京理科大学 15・ICU 2……………… 早慶上理ICU計63名
- 学習院大学 5・明治大学 35・青山学院大学 21
  立教大学 20・中央大学 9・法政大学 14……… GMARCH計104名
- 医学部 7名・薬学部 11名
  医学部：慶應（特待生）1・順天堂 2・東邦 3・帝京 1
  薬学部：慶應 1・北里 1・星薬科 2・東京薬科 1・他 6

GMARCH以上計…**198**名 合格合計**451**名（現役生163名結果）

かえつ有明高等学校

〒135-8711 東京都江東区東雲 2-16-1　Tel. 03-5564-2161 Fax. 03-5564-2162
りんかい線「東雲」駅より徒歩約８分 、有楽町線「豊洲」駅より都営バス[東 16] [海 01] 行 「都橋住宅前」バス停下車 徒歩約２分 、有楽町線「辰巳」駅より徒歩約 18分
E-mail kikitai@ariake.kaetsu.ac.jp　入試相談窓口専用 フリーダイヤル　FREE 0120-881512

平成27年度
学校説明会・行事日程
各日程はホームページからもご確認いただけます。
http://www.ariake.kaetsu.ac.jp/

● [高校] 学校説明会（予約不要）
第 2 回　8/29（土）14：30～16：00
第 3 回　10/31（土）14：30～16：00
第 4 回　11/21（土）14：30～16：00
第 5 回　12/ 5（土）14：30～16：00

● [高校] 帰国生対象学校説明会（予約不要）
第 2 回　8/28（金）14：00～15：30
第 3 回　10/17（土）10：00～11：30
第 4 回　11/ 7（土）14：00～15：30

● [中・高] かえつ文化フェスタ（予約不要）
9/19（土）10：00～14：00
9/20（日）10：00～14：00

● [高校] 授業見学会（予約不要）
11/ 7（土）10：00～12：30

なんとなく得した気分になる話

生徒　先生

身の回りにある、知っていると
勉強の役に立つかもしれない知識をお届け!!

関数とグラフは同じ？

先生、関数ってさ…。

グラフでも書くのかい？

いや、関数ってさ…。

怒らないからなんでも言ってごらん？

わからない。

関数の意味が？

そう、関数とグラフは同じなの？

結論から言うと…違うんだ。

そうなんだ。

例えば、
$x=0$のとき$y=2$
$x=1$のとき$y=3$
$x=2$のとき$y=4$
$x=3$のとき$y=5$だとする。
では、$x=5$のときの$y=$？

7だよ。

その通り。じゃあ、なぜそう思ったんだい？

だって、xに2を足したらyじゃん。

そうだ。つまり、xを決めるとyが必ず1つだけ定まるとき、“yはxの関数”と言うんだ。

いまのは$y=x+2$と書けるから1次関数だよね？

そうだ。

じゃあグラフで書けるじゃん。直線になるし。

そう慌てなさんな。もう1問だ。
$x=1$のとき$y=1$
$x=2$のとき$y=2$
$x=3$のとき$y=2$
$x=4$のとき$y=3$
$x=5$のとき$y=2$
では、$x=6$のときの$y=$？

なんだろう???

じつは、これも関数なんだよ。

どんな式？

結論から言うと、yはxの約数の個数を表しているんだよ。

へえ。確かに…。
$x=1$の約数は1だけだから$x=1$個
$x=2$の約数は1と2だから$x=2$個
$x=3$の約数は1と3だから$x=2$個
$x=4$の約数は1と2と4だから$y=3$個
$x=5$の約数は1と5だから$y=2$個
$x=6$の約数は1と2と3と4だから$y=4$個ということだね。

これはグラフでは書けないぞ。

本当だ！

xの値を決めるとき、yの値が決まることをyはxの関数であると言うわけで、必ずしもグラフに書けるわけではないんだ。

なるほどね。てっきり関数とグラフは同じだと思ってた。

思い込みって怖いよなあ。

そういえば先生もよく、思い込みしてると思うな。

えっ、そう？

だって、ぼくのこと変なやつだと思ってるでしょ？

そんなこと思ってないよ。

ぼくのこと勉強しないやつだなあ！　って思ってるでしょ？

なにを言うんだ、突然。そんなこと思ってもないし、仮に思ってたら、キミの質問にいつも答えないよ（笑）。

そうかなあ。

そういうキミこそが、自分のことをそう思い込んでいるんじゃないの？

ぼくが変なやつで、勉強しないやつだと??　もしかするとそう思ってるのはぼくかも。

若いときはそういうもんだ。

なんかいつもと逆でぼくの分が悪いなあ…。

キミが最後に勝つと思い込んでない？

…。

開智高等学校

2類型から3コースへ〜新たな歴史の始まりです〜

難関大学現役合格で定評のある開智高校。その伝統を支えてきた2類型制が来年度より3コース制へと進化します。今回はそのフラッグシップとも言える「Tコース」について紹介します。

1　類型制からコース制へ

来年度からスタートするTコースですが、実は数年前から「S類Tクラス」として2年生以上で導入されています。そこでは「**Tコンセプト**」という独自の教育システムに基づいた指導が行われており、東京大学や国立大学医学部へも多くの生徒を送り出しています。

今回のコース制への移行は、今までの指導実績を基盤として、「**Tコンセプト**」に基づいた教育を1年生から実現することを最大の狙いとしています。

数年間かけて改善と工夫を重ね、磨き上げた「**Tコンセプト**」に沿って、1年生からじっくりと学習していくことで、最難関大学へ現役で合格する力を確実に手にしていくことができるばかりでなく、社会に貢献できるリーダーとしての資質も丁寧に身につけていくことができるようになります。

2　Tコンセプトとは

「今、君は何を知りたいのか?」…これこそが「**Tコンセプト**」を端的に表現した言葉です。

「疑問」は「発見」のための源泉であり、その「発見」は次の「疑問」の源となります。これらの「疑問」や「発見」の一つ一つは、身近で、ささやかなものです。ぼんやりしていると見落としてしまうようなもの、気づかれもしないようなものかもしれません。しかし、それら小さな「疑問→発見」の繰り返しによって、私たち人間は「知識」を積み上げ、それを「智恵」として結実させてきました。

わからないことがあれば、わかりたいと思い、行動する。「わかる」ことによって自分の生活が「少しだけ」便利に、あるいは豊かになった経験をした人間

≪開智生の1週間（1年生）≫

	月	火	水	木	金	土
0	独習	独習	独習	独習	独習	独習
1	現社	国語	数学	英語	英語	英語
2	体育	情報	家庭	理科	保健	国語
3	国語	世界史	家庭	情報	世界史	理科
4	数学	英語	数学	数学	芸術	数学
昼休み	昼食					
5	英語	国語	英語	現社	体育	部活動
6	英語	国語	体育	LHR	数学	
放課後	数学	部活動	部活動	英語	部活動	独習
		独習	独習		独習	

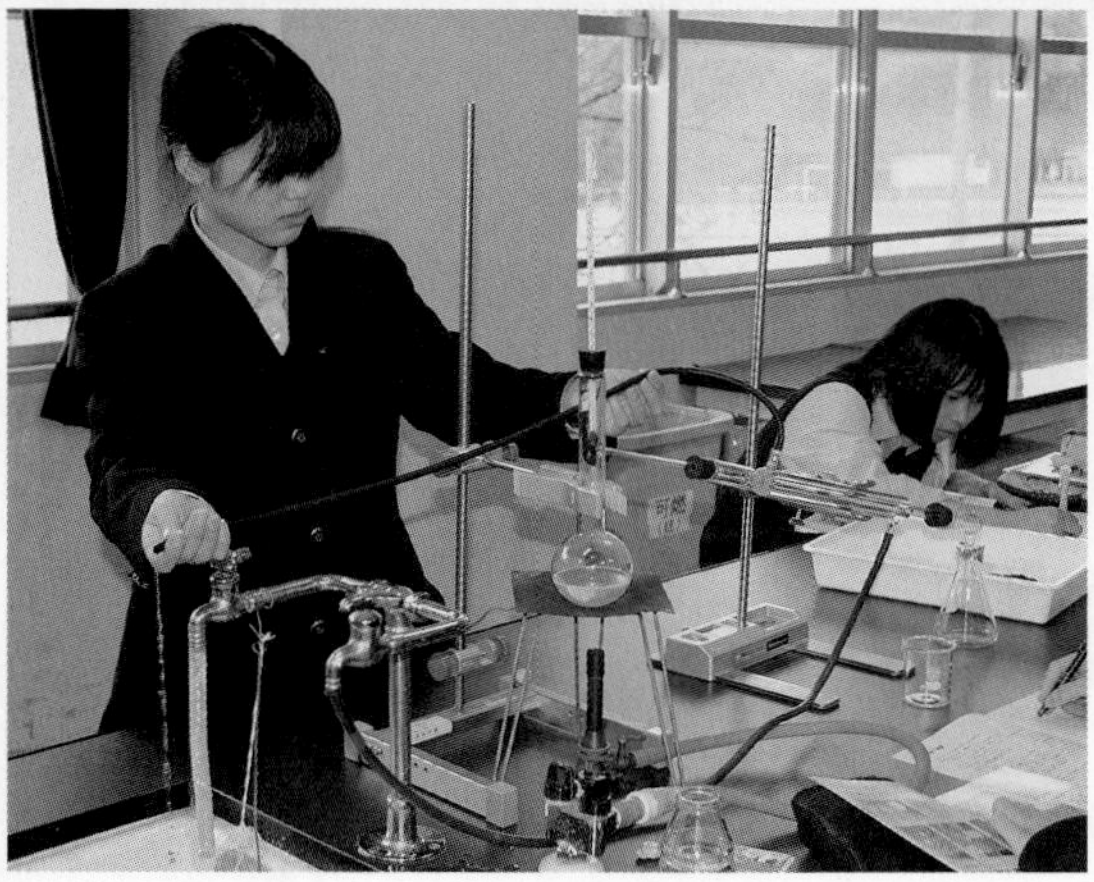

は、もっと「わかりたい」と思い、意図的に「疑問」を求めるようになり、それに挑戦していくようになる…。

私たち人間の営みのすべては、この「知りたい」という強い意志により生み出されてきたといってよいでしょう。自然科学はもちろん、法律や政治あるいは経済、さらには文学や宗教も私たち人類がささやかな積み重ねを地道に行ってきた結果、獲得した智恵の結晶です。

一方で私たちは、この智恵がもたらした「負の課題」も抱えています。それを克服し、「よりよい智恵」へと深化させて引き継いでいくことが、現代を生きる私たちの、そして次の時代を創る主人公となる高校生に課せられた使命だと言えるでしょう。

身の回りのこと、一見すると取るに足らないと思われてしまうようなことにも敏感に反応し、疑問を持ち、それを解決するために思考し、行動できる人間になろう。世界のこと、宇宙のこと、あるいは時空を超越した思念についてさえも、おそれることなく、ひるむことなく、常に疑問を持ち、それを解決していこうとする人間になろう。すべてを「知りたい」の対象とする人間になろう。

これが「**Tコンセプト**」なのです。

3　Tコースでの学び

「疑問をいかにして解決するか」…課題解決においてアプローチの道すじは無限にあるといってよいでしょう。調べればわかることもあれば、実験により判明することもあります。論理的に推理することで解決の糸口がつかめることもあれば、仮説を立て、検証していくことが有効な事例もあります。

課題に応じて適切なアプローチ方法を選択する力、また課題を解決していく能力としての論理的思考力や判断力、あるいはその基礎となる知識力は、**卓越した指導ノウハウを持った教師がチームで指導**にあたっています。またTコースには**高い志を持った仲間**がいます。最高水準の学びを実感できる環境がそこにはあります。

「学び」は厳しく、そして楽しいものです。あなたに、それを実感しようとする志があるのならば、Tコースはあなたにとって最高の学びの環境といえるでしょう。

■夏期学校説明会　予約不要　（説明時間約90分）

8月22日	土		10：00～	・教育内容、学校生活、入試情報 ・質問コーナーあり。

■入試説明会・個別相談会　（説明時間約90分、個別相談約15分）

9月26日	土	10：00～		個別相談 10：00～16：30
10月24日	土	10：00～	13：30～	
11月21日	土		13：30～	
11月22日	日	10：00～	13：30～	
12月19日	土	10：00～		

※個別相談会のみ９月以降ＨＰにて予約が必要です。

KAICHI

開智高等学校

高等部（共学）

〒339-0004
さいたま市岩槻区徳力西186
TEL 048−794−4599（企画広報室）
http://www.kaichigakuen.ed.jp/
東武アーバンパークライン（東武野田線）東岩槻駅（大宮より15分）徒歩15分

高校受験 ここが知りたい Q&A

Q Question
リスニング試験の対策はどうしたらいいの？

高校入試で出題される英語のリスニングが苦手です。いざ音声が流れてくると緊張してしまうこともあり、リスニングの問題ではなかなか点数が伸びません。いい勉強方法はありませんか。

（さいたま市・中３・KT）

A Answer
聞くだけでなく読みあげることでさらなる効果が期待できます。

英語は言語ですから、「読む・書く・話す」という３つの要素が大切です。このうち「読む・書く」能力は、筆記試験で試すことができますが、「話す」、つまり会話力をはかる方法としてリスニング試験が行われるようになりました。リスニング試験は「使える英語を身につける」ことを狙いとしており、高校入試に限らず、大学入試や外部の英語資格検定などでも重視される傾向にあります。

では、リスニング試験に向けての勉強はどうしたらいいのでしょうか。音を聞き取ることは「慣れ」が大きく作用しますので、まずはＣＤなどの音声教材を活用して、普段から意識して英語を聞くようにしましょう。高校入試のリスニングは、難解な問題や複雑な問題が出るわけではありません。同じものを繰り返し聞くだけでも耳が英語に慣れてくるので効果的です。

それにプラスして、音読もおすすめです。学校の教科書、塾のテキストなどなんでもいいので、英文を声に出して読みあげてみましょう。発音などは気にせず、暗記できるほどとにかく何度も何度も繰り返すことがポイントです。きわめて単純な方法ですが、「目で見て、口に出す」ことで、英語のリズムが体得でき、リスニング力も向上します。リスニングをマスターした人の多くが実践してきたやり方ですので、ぜひ試してみてください。

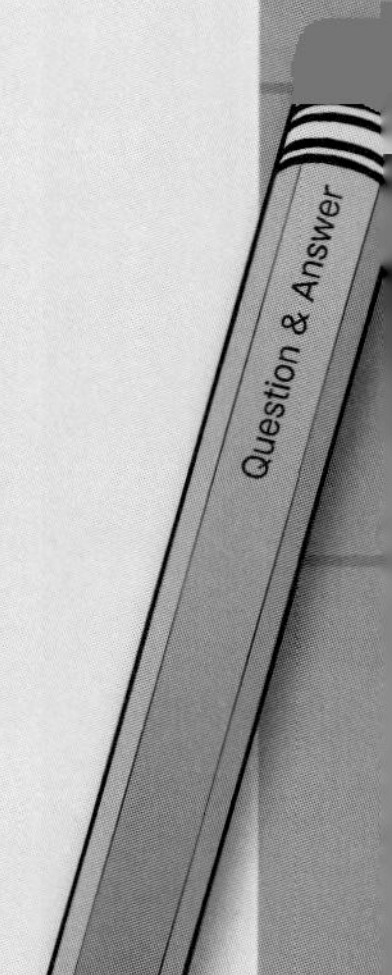

Success Ranking

世界の美術館・博物館 入館者数ランキング

世界にはたくさんの有名な美術館や博物館がある。では、昨年、世界で一番入館者数の多かったのはどこかわかるかな？ 答えはフランスにあるルーヴル美術館で、926万人もの人々が訪れたんだ。日本にある美術館・博物館の順位にも注目だ。

世界の美術館・博物館の入館者数ランキング（2014年）

順位	美術館・博物館	人数
1	**ルーヴル美術館(フランス)**	9.260.000
2	大英博物館（イギリス）	6.695.213
3	ロンドン・ナショナル・ギャラリー（イギリス）	6.416.724
4	メトロポリタン美術館（アメリカ）	6.162.147
5	ヴァチカン美術館（バチカン）	5.891.332
6	テート・モダン（イギリス）	5.785.427
7	国立故宮博物院（台湾）	5.402.325
8	ワシントン・ナショナル・ギャラリー（アメリカ）	3.892.459
9	韓国国立中央博物館（韓国）	3.536.677
10	オルセー美術館（フランス）	3.500.000
11	国立近代美術館（フランス）	3.450.000
12	韓国国立民俗博物館（韓国）	3.271.017
13	エルミタージュ美術館（ロシア）	3.247.956
14	ヴィクトリア＆アルバート博物館（イギリス）	3.180.450
15	ニューヨーク近代美術館（アメリカ）	3.018.266
16	ソフィア王妃芸術センター（スペイン）	2.673.745
17	プラド美術館（スペイン）	2.536.844
18	サマセット・ハウス（イギリス）	2.463.201
19	アムステルダム国立美術館（オランダ）	2.450.000
20	ブラジル銀行文化センター/リオデジャネイロ（ブラジル）	2.399.832
21	国立新美術館（日本）	2.384.415
22	ナショナル・ポートレート・ギャラリー（イギリス）	2.062.502
23	ヴィクトリア国立美術館（オーストラリア）	2.035.033
24	上海博物館（中国）	2.000.977
25	ヨーロッパ・地中海文明博物館（フランス）	1.996.154
26	ウフィツィ美術館（イタリア）	1.935.901
27	東京国立博物館（日本）	1.914.880
28	スコットランド国立美術館（スコットランド）	1.914.776
29	モスクワ・クレムリン博物館（ロシア）	1.903.543
30	大竹富江文化センター（ブラジル）	1.864.022
31	グラン・パレ（フランス）	1.855.346
32	ゲティ美術館（アメリカ）	1.788.646
33	スコットランド博物館（イギリス）	1.639.574
34	ゴッホ美術館（オランダ）	1.608.849
35	ファイン・アート・ミュージアム・オブ・サンフランシスコ（アメリカ）	1.586.480
36	ソウマヤ美術館（メキシコ）	1.528.851
37	ケ・ブランリ美術館（フランス）	1.495.817
38	ブラジル銀行文化センター/ブラジリア（ブラジル）	1.476.744
39	サーチ・ギャラリー（イギリス）	1.430.672
40	シカゴ美術館（アメリカ）	1.424.105

参照：The Art Newspaper,SPECIAL REPORT Number267(2015年4月)

※（　）内は所在国

受験情報

Educational Column

15 歳の考現学

中学生も注目したい高大接続に関して
まもなく出される文科省の「中間まとめ」

私立 INSIDE

私立高校受験

私立高校と公立高校
３年間の学費の違いは

公立 CLOSE UP

公立高校受検

どう変わる
来春の東京都立高入試

BASIC LECTURE

高校入試の基礎知識

公立高校の改編は
これからも続いていく

千葉

千葉県が公立高校入学者選抜の詳細を発表

千葉県教育庁は７月、2016年度（平成28年度）の公立高校の検査内容を発表した。すでに入試日程は公表されていたが、前期選抜では２日目（２月10日）に面接、自己表現、作文などから、学校の特色に応じて１つ以上の検査を実施する。

全日制の課程 124校 205学科のうち、検査１つを実施するのは 100校162学科、２つの検査を実施するのは29校43学科。面接を実施する学校が最も多く84校141学科。そのほか、集団討論、作文、小論文、適性検査、学校独自問題による検査、その他の検査を実施する学校がある。また、志願理由書の提出を求める学校が12校21学科ある。

後期選抜は２月29日に５教科の学力検査を実施するが、各校は必要に応じて面接などの検査を実施する。検査１つの実施は86校144学科、２つの実施は３校４学科となっている。面接は86校145学科、作文は１校１学科、適性検査は５校６学科。前期選抜枠を100%と定めた学科のうち前期選抜で募集定員を満たした場合は後期選抜は実施しない。

東京

都立高校が新制度入試での調査書点算出方法を公開

東京都教育委員会は７月、2016年度（平成28年度）から制度が改められる、都立高校入学者選抜の「学力検査に基づく選抜」についての詳細をホームページで公開した。

「学力検査の教科、学力検査と調査書の比率」は、全日制課程の第１次募集・分割前期募集では５教科（国・数・英・社・理）の学力検査が実施され、学力検査と調査書の比率は７：３。

第２次募集・分割後期募集では３教科（国・数・英）の学力検査が実施され、学力検査と調査書の比率は６：４となる。また、第３次募集も３教科（国・数・英）が実施される。

調査書点は、既報の通り学力検査実施教科の評定は１倍、学力検査のない実技教科の評定は２倍して算出する。

ほかに傾斜配点の実施学科についても、都教委ホームページの入試情報で公開されている。

パンフレット「平成28年度 東京都立高等学校に入学を希望する皆さんへ」の配布後に決定した内容もあるので、プリントしてパンフレットにはさんで保管しよう。

15歳の考現学

中学生も注目したい高大接続に関して
まもなく出される文科省の「中間まとめ」

森上《もりがみ》 展安《のぶやす》

森上教育研究所所長。1953年、岡山県生まれ。早稲田大学卒業。進学塾経営などを経て、1987年に「森上教育研究所」を設立。「受験」をキーワードに幅広く教育問題を扱う。近著に『教育時論』（英潮社）や『入りやすくてお得な学校』『中学受験図鑑』（ともにダイヤモンド社）などがある。教育相談、講演会も実施している。
HP：http://www.morigami.co.jp
Email：morigami@pp.iij4u.or.jp

いつ変わるかよりも 変わるべき姿を知ること

高校を受験する生徒とその保護者にとって注目すべき会議の「中間まとめ」が、この8月末に出されます。

それは高大接続システム改革会議（文部科学省）の中間的なまとめで、実質的には結論と言ってよく、細部をつめていない大筋の、という意味あいで「中間」という文言がついていると考えてよいと思います。

これまでの報道では現在の中1生から、新しい大学入試制度に変わる、その内実が、ここで示されるということでした。

しかし、当初7月とされた議論が8月も末ごろまでになるというのです。どうも審議の経過を伝え聞くところでは、現在の大学入試センター試験の代わりとなるテスト形式とされた合教科・総合での実現が、当初予定の「現中1生から」に、黄信号がついているようです。

一方で、大学ごとの個別試験は、多面的評価で行う方向ですが、その方法の1つとして合教科・総合形式の学力評価テストが示される可能性もあるようです。

こうした細部の制度設計に議論が費やされている様子で、8月末になるとされる中間まとめは、当初方針を実現するため、目的を明確にして、しかし、手段は無理のない段階的な方法でのソフトランディング、を提示するということなのでしょう。

では、受験生、保護者は、この中間まとめをどのように受け止めたらよいでしょうか。

一番避けたいのは、中1からやるといっていた新しいテストが、従来型になりそうだから当面、変わらなそうだ、という受け止め方です。

これはテスト至上主義タイプの受け止め方だ、と仮にしておきましょう。

一方で、この中間まとめの目的はとりもなおさず高大接続システムの改革であり、高校から大学への接続を入学「試験」だけにせず、多様な評価ができるものにしよう、それによって、高校と大学が「学び」にとって途切られず、継続したものになるようにしようとしているのだ、という受け止め方です。

これを仮にテスト参考主義タイプの受け止め方としておきます。

筆者が考える、正しい受け止め方は後者の態度です。

少し話題をずらしますが、先日、

大阪での高校入試に、「文科省の学力テストの結果」を選抜基準の1つに採用しようとする計画に、文科省が懸念を表明し、これに対して大阪の教育委員会が反論しているというニュースです。

この文科省のテストは中学生1人ひとりの学習到達度を測るテストで、今回の新しい大学入試学力評価テストとして導入したい、と文科省が考えている到達度テストと性格は同じものです。

しかし、それを一方で進学の際のモノサシにしよう、という。

まったくの門外漢からみると別の案件と映るかもしれませんが、到達度評価（基準準拠評価）のテストという点で両者は共通の性格を有しています。

文科省の言い分は、中学の学力評価テストを、高校での入学者選抜に使用する目的で使ってもらっては目的外使用だ、というのでしょうね（これは筆者の勝手な解釈です）。

当該の両者の主張の当非をここで論ずるのが目的ではなく、要は、このように従来の選抜試験に用いられてきたのは、偏差値の出る集団評価基準テストで、ここに到達度評価テストを用いることは、そう簡単には実現しそうもない、という現象の事例としてあげたものです。

一方で、多面的評価として英語の能力を4技能（読む・書く・聞く・話す）で評価することは、今度の中間まとめでも方針として出されそうです。個別入試での利用にはOKが出ているこの多面的評価に到達度評価が活用されそうなのです。

この英語の外部資格の活用は、来年度の私立大、それも有名私立大での導入校が青山学院大、立教大、上智大などキリスト教主義の――つまり英語運用能力においてリーダーシップをとる大学で、相次いでいます。

これらは志願する段階で外部資格のスコアが基準に達していれば英語はOK、入試では英語入試を受けずともよい、というものです。

かつて上智大学長であったクラーク学長が、大学入試で英語を課さないことが英語力を伸ばす、という主張をされたことが何十年も前にありましたが、今回はやっとそれが実現した、ということになります。

こうした多面的評価への到達度評価是認の一方で、高校卒業認定テストという、もう1つの基礎学力をみるテストは、到達度評価で実行される方向なのです。

このように、遅かれ早かれ学力判定は、これまでの偏差値による相対評価尺度から、基準をもとに判定する絶対評価を進路選択の目安にする方向であることはおわかりいただけるでしょう。

すなわち、選抜試験のあり方は、先に筆者が名づけた、テスト至上主義から、テスト参考主義への政策転換である、と筆者はとらえています。

選択すべきなのは 変わるべきを知る高校

さて、しかし、それはなぜ、どうやって実現されるのでしょう。

まず、「なぜ」というのは、少子化による質的低下を避けるため、ですね。200万人いた新世代の一学年の集団は、これからの世代は100万人へと半減しますから、偏差値60といったところで対象となる集団が半減しては、質的低下はまぬがれません。

肝心要の点は、次の「どうやって」です。テスト至上主義は、授業は二の次ですから、どうしても授業がスポイルされていきます。授業をいきいきと充実させて、「学び」を取り戻すためには、測定できるメジャーがそのような「学び」に則したものになる必要がありますし、メジャーがそのようなものになるなら、「学び」も変わらなくてはいけません。

ではその「学び」はどのような授業で実現するでしょうか。

その核心にあるのが、いわゆるアクティブラーニングという言葉で示される協同的な授業方法です。

尺度と授業は一体的なものなので、どちらか一方だけということでは実現できません。

そうしてみると、これは大学と高校が、両方とも選抜方法を介して、授業方法をアクティブラーニングに切り替えていく、ということを促しますし、ここは高校受験生にとって大きな選択になります。

アクティブラーニングによる学びが大学進学の前提になるなかで、果たして高校は変われるのかということが、いま問われています。受験生としては、変わることができる高校を選択することが大学での学びを拓く、ということに直結します。

つまり高校がアクティブラーニング授業に変わりうるかが大きな大学進学のメルクマール（指標）になる。それが、今回受験生の注目しておくべき一番の「まとめ」だと思います。

私立INSIDE

私立高校と公立高校 3年間の学費の違いは

中学校3年生のみなさんは、そろそろ進学する高校を選択しなければならない時期となりました。第1志望校は公立高校ですか？　私立高校ですか？　今回は、保護者のみなさんが関心のある学費について、高校に進んだ3年間にどれぐらいの費用が必要なのかについて調べてみます。

私立高校の学費は公立高校の２・５倍!?

高校に通うのに、いったいどれぐらいの費用がかかるものなのでしょうか。

それを調べる手だてとして、文部科学省が毎年調査している「子どもの学習費調査」の報告があります。これは最新データが２０１２年度調査分です。

また、同省の調査として２０１３年度調査「私立高等学校等授業料等の調査結果について」というデータもありますので、これらをもとに高校でかかる費用を、公立と私立に分けて考えてみましょう。以下、本文に掲げられる金額は、この２つのデータから算出したものです。

ただ、ここでの数字だけを見ていると、私立高校は公立高校に比べて約２・５倍もの大きな出費が伴うように感じますが、２０１４年度より高校授業料無償化制度に所得制限が設けられたことや、低所得層向けに新設された給付金制度もあります。

加えて、首都圏の各自治体では教育費を補填する給付金制度が他地域に比べて厚くなっています。重複して受け取ることも可能ですので、公立高校とほぼ変わらない学費というところもあります。一度は確認することをおすすめします。

学校に通う費用以外にもさまざまなお金がかかる

教育費と聞いて、どんな出費を想像しますか。１つは学校に通うことによってかかる費用でしょう。授業料など学費と呼ばれるものです。それだけでなく、教科書や参考書、制服や通学用品、通学にかかる交通費、部活動に必要な費用、さらには机やパソコン、本やスポーツ用具など、興味や行動範囲が一気に広がる高校時代には、授業料以外にも学習に必要な出費が想定されます。

では、高校に通うための費用についてデータをもとに公立・私立それぞれのケースを算出してみましょう。

まずは、学校に入学するためにかかる費用です。

〜受験から入学まで〜

■公立高校

・受験料全国平均　２２００円

・入学金全国平均　５６５０円

■私立高校

・受験料　約１〜２万５０００円

２０１３年度の全国平均は１万５

868円。2014年度の東京都内全日制私立高校の平均額は2万2141円でした。

・入学金　約15～25万円

2013年度の全国平均は16万1099円。2014年度の東京都内全日制私立高校の平均額は24万8351円でした。

なお、原則として合格発表後、すぐに入学手続きが必要ですが、多くの私立高校は入学金の納入を待ってくれる制度を持っています。私立を併願する場合は、この「延納制度」の有無を事前にチェックしておきましょう。

次に、学校教育を受けるための費用、いわゆる学費です。

■学校教育費

学校教育にかかるお金は、公立と私立で大きく違います。なお、授業料については2014年度入学者以降の場合、家庭の収入により国から支援金が支給されています。

授業料を除き3年間合計でかかる合計金額は以下の通りです。

公立高校　約69万3000円
私立高校　約216万7000円

この金額は、公立・私立ともに「高等学校等就学支援金」（授業料に充当）を差し引いた金額で比較しています。

■学校外活動費

冒頭でも述べましたが、教育費は学校での費用にとどまりません。それ以外の費用を文科省では学校外活動費と呼んでいます。

学校外活動費に含まれるのは、参考書代や通信教育、学習塾などの代金、机やパソコン、スポーツ用具などの購入費、または博物館や映画館など教養を身につけるために使う金額のことです。

この学校外活動費は、以下の通りです。

・公立高校生　3年間費用平均　約46万7000円
・私立高校生　3年間費用平均　約73万4000円

学校外活動費は、公立、私立とも以下のような項目でチェックを行っています。以下に示した金額は1年間です。それぞれの合計を3倍すると右記の数字になります。

●公立高校の学校外活動費（1年間）

家庭内学習費　1万5424円
家庭教師　1万4877円
学習塾費　8万2011円
その他　1万160円
体験・地域活動　2051円
芸術文化活動　1万2319円
スポーツレクリエーション活動　7814円
教養・その他　1万946円

●私立高校の学校外活動費（1年間）

家庭内学習費　2万5037円
家庭教師　1万9784円
学習塾費　12万4052円
その他　1万3691円
体験・地域活動　6190円
芸術文化活動　1万7044円
スポーツレクリエーション活動　1万4367円
教養・その他　2万4439円

いずれも、学習塾の費用が突出しているのがわかります。

■高校生の教育費

受験料・入学金・授業料を含む学校教育費と学校外活動費を3年分すべて合計すると、以下のような金額になります。

・公立高校　3年間平均　約116万8000円
・私立高校　3年間平均　約306万～318万円

まとめてみると、公立高校・私立高校を問わず、授業料以外の支出がかなりあることがわかります。

これから高校をめざす中学生を持つ保護者のみなさんは、学校で直接かかる費用のほかに多めに教育予算を立てておくことが大切です。

給付金の充実で 公私の学費は変わらない

冒頭でも述べたように、高校授業料無償化制度により、2010年度以降、公立高校の年間授業料11万8800円が無料になっていました。しかし、2014年度より所得制限が設けられ、対象世帯が一定年収以下に絞られました。

対象になるのは夫婦と子ども2人の4人世帯で世帯年収910万円未満（共働きの場合は合算）の世帯のみに限られます。

また、授業料無償化と同時に、低所得層への給付型奨学金「高校生等奨学給付金」も設けられました。一定以下の低所得の世帯に支給されます。

以上のような奨学給付金と所在の各自治体による補填支給金とを合わせて給付を受ければ公私の学費はほとんど変わりません。学費の差のみで私立高校進学を諦める時代は去っているといえます。

どう変わる 来春の東京都立高入試

安田教育研究所　副代表　平松 享

前号の「高校入試の基礎知識」でも取り上げましたが、東京都立高校の一般入試が、来春から大きく変わります。なぜ変わるのか。変わることでどんな影響が出るのか。変更点や変更の背景など、安田教育研究所副代表の平松享さんによる詳細レポートをお届けします。

いま、なぜ変えるのか

これまで、都立高校の入試制度は10～15年ごとに変わってきました。

現在の制度は、学区を撤廃して、絶対評価を導入した２００３年の形がもとになりますが、その前後には、特別選考、男女別定員制緩和、分割募集など、矢継ぎ早に新しい方式を取り入れて、複雑な制度になっていました。

都では、変更の理由として、

①教育基本法や学習指導要領の改定など教育を取り巻く状況の変化に対応するため

②学力の定着と伸長を図るため

③課程や学科等に基づき共通化・簡素化し、中学生にとって分かりやすい制度にするため、の3点をあげています。

簡単に言うと、①学力重視②中高の接続の改善③進路の「見える化」となります。

どこが変わるのか

おもな変更点は次の3つ。

⑴入試の教科数は、全日制全校で1次は原則5教科、2次は3教科。

⑵学力検査と内申点の割合は全校で1次は7対3、2次は6対4に固定。

⑶調査書の評定は、学力検査を行う教科は1倍、検査のない教科では2倍に拡大して点数化します。詳しくは71ページの**表1**を見てください。

マークシート方式を全面導入

解答用紙のマークシート化も決まりました（共通問題校では5科、独自作成校では社会理科のみ）。都では、

①数値だけで解答する問題もマーク化し、全体として記号選択式問題を増やす。

②記述式問題の採点基準は、各校で実態に応じて定める。

③誤字・脱字の確認に特化した採点システムを付加する。

④中学3年生へは、マークシートの出題、解答形式を説明した文書を9月に、解答用紙のサンプルとマークする際の留意点等を掲載したリーフレットを12月に配付するとしています。

どんな影響が出るか

変更の結果、いったいどんな影響が出るのでしょうか。変更点の順に

考えてみましょう。

・教科数

3教科→5教科に増えることで、負担増に感じる受験生が生まれるでしょう。

国際、**晴海総合**の2校は、上位校では数少ない3教科校でした。私立への移動が生まれそうです。しかし、上位校では学校数が少ないため、大きな影響は出ないと考えられます。

・学力内申比7：3

上位の学校はすでに7：3で行っていることから、ほとんど影響を受けないでしょう。

・評定を2倍すること

実技教科の評定が2倍になると、どうなるのか。これまでの学力内申比によって、影響の大きさが異なるので、あわせて考えてみましょう。

1000点満点で計算すると、これまで換算内申1点は、7：3校で5・9点、6：4校で7・8点、5：5校では9・8点に相当していましたが、来春から全日制一次はオール7：3、実技2倍で換算内申の満点は65点に変わります。

すると、5：5校の内申点は4・

【表1】都立高校入試の変更点

項目	2015年度（今春）まで	2016年度（来春）から
教科数	〔全日制〕1次・分割前期は3教科～5教科から学校が選択 2次・分割後期は3科＋面接 （2015年度3教科実施…26校） 〔定時制〕 3教科～5教科で実施 （一部の学校は学力検査に代えて作文・面接を実施）	〔全日制〕**1次・分割前期** 原則すべての高校で**5教科** ☆体育科（駒場・野津田）芸術科（総合芸術）は3教科と実技検査。チャレンジスクール、エンカレッジスクールを除く。 **2次・分割後期**は**3教科** 〔定時制〕原則すべての高校で **1次は3教科～5教科、2次は3教科の範囲内** 面接は全校で実施。作文（小論文）・実技は学校により実施
学力内申比	〔全日制/定時制〕 1次は7：3、6：4、5：5、4：6から各学校が選択 （15年度全日制7：3実施…80校、6：4実施…57校、5：5実施…26校 2次は6：4、5：5、4：6から各学校が選択	〔全日制〕**1次・分割前期** 原則すべての高校で**7：3** ☆体育科（駒場・野津田）芸術科（総合芸術）は6：4。 **2次・分割後期**は**6：4** 〔定時制〕原則すべての高校で **1次は7：3または6：4、2次は6：4または5：5**
内申換算	学力検査を実施する教科は、評定×1 学力検査をしない教科は、評定×1.3 （3教科の場合は、評定×1.2）	学力検査を実施しない教科の**評定は2倍** 5教科　5科×1＋4科×2＝65点満点 3教科　3科×1＋6科×2＝75点満点 （評定についての傾斜配点は行わない）
特別選考	募集人員の1割または2割を、実施校が事前に公表する独自の選考資料に基づいて選抜する制度 （2015年実施…全日制のみ18校）	廃止
分割募集	募集人員を分割し，第1次募集期間（分割募集前期）と第2次募集期間（分割募集後期）の2回に分けて募集する制度 （15年度実施…全日制・定時制計27校）	継続
傾斜配点	調査書や学力検査の一部の教科に比重をかける制度 （15年度実施…全日制のみ20校）	特別な教育課程を実施する学校で**例外的に実施** 《普通科コース制》**深川、松が谷、小平、田柄、五日市** 《普通科単位制》**飛鳥** 《専門学科》**科学技術、多摩科学技術、大田桜台、千早、国際、大島海洋国際** **◎新宿、国分寺は実施しない**
男女枠緩和	合格候補者について男女別募集人員の各9割に相当する人員までを決定した後，残りの1割に相当する人員を男女合同で選抜する制度 （15年度実施…全日制のみ35校）	継続
その他	チャレンジスクール、エンカレッジスクールの入試は従来通り。新宿山吹、稔ヶ丘など、朝から授業のある昼夜間定時制も、定時制の制度に従う。	

6点と半分になります（左の表2。㈱進学研究会提供）。

ただし、学力点が700点に拡大するので、学力検査の得点としては、3・3点程度に相当します。

【表2】換算内申1点に対する内申拡大点＝総合得点

	7：3	6：4	5：5	4：6
内申点満点	300点	400点	500点	600点
換算内申51満点	5.9	7.8	9.8	11.7

5：5だった学校では内申点が半分になる

【来春から】

換算内申65満点	4.6	6.2	―	―
換算内申75満点	4	5.3		

もともと7：3の学校でも、内申が65点満点となるため、換算内申1点は、1000点満点で4・6点と低くなり、学力検査で取り戻すことが、これまでより容易になります。

まとめると、7：3や6：4だった学校では、評定が2倍に変わっても大きな影響はないでしょう。

ただ、内申点の高い生徒が、それをてこに合格を狙うという作戦は立てにくくなります。内申点は高くても本番に弱い生徒も厳しくなるでしょう。

もともと女子は実技の内申点が高いので、男女合同募集の単位制や専門学科など、また男女別定員制の緩和を実施している学校では、女子の合格者が増える可能性はあります。

しかし、こうした学校では、すでに女子が多く合格しており、変化の余地は少ないようです。

・特別選考の廃止

一部の上位校では、募集人員の1～2割を学力検査の得点だけで選抜していました。合格手続きしない人数を補う「水増し」数まで、この制度で合格させていたようです。

国立の附属校や私立、海外などからの生徒が、学力勝負でチャレンジしてきた入口は閉ざされました。上位では、この変更が一番大きいと考えられます。

ただ、特別選考は、あくまでも募集人員内で行うもので、これがなくなることで合格者数が減るわけではありません。

・傾斜配点

特別な教育課程を実施している学校が実施できるルールですが、これまでの学校がほとんど残りました。国数英の学力検査点を1・5倍していた**新宿**と**国分寺**は実施できないことになりました。理社の弱い生徒には、痛い変更ですね。

まとめ

これまでの制度が複雑だっただけに、影響は大きいようにみえますが、それほどではありません。これまでもそうでしたが、入試では、変更そのものより、変更に伴う不安心理の方が大きくなりがちです。冷静に対応して、学校選びを進めていきましょう。

公立CLOSE UP

高校入試の基礎知識

公立高校の改編はこれからも続いていく

別項の「公立クローズアップ」でも取り上げているように、公立高校はここ数年、学校の再編や入学者選抜方法の改編などダイナミックに変化を遂げてきました。これは首都圏の公立高校にとどまるものではありません。しかもこの流れは、これからも続くものと考えられます。

公立高校の改編・再編はこのあとも続いていく

今春（２０１５年度）、来春（２０１６年度）と、国内の公立高校入学者選抜制度の動きをみると、やはり改編、再編の動きは止まっていません。

このところの選抜方法改編のカギは、①学力検査重視の流れと②選抜一本化の動きとに集約されます。

①の学力検査重視については、②の選抜一本化と表裏をなしていますが、要するに推薦入試の廃止→学力検査型への動きです。首都圏では東京を除いて推薦入試はなくなりましたし、この２０１５年度入試から宮崎で推薦入試に学力検査を導入、来春の２０１６年度からは岩手でも推薦入試の合格者に学力検査を課すことが決まっています。

推薦入試の導入から約20年がたちましたが、生徒の学業意欲継続の衰退が悪影響としてあげられたこともさることながら、やはり高校入試では確かな学力を問うべきだ、という考え方が全国的に定着してきたと言えるでしょう。

②の選抜一本化の動きというのは、これまで、2回、3回と入試が実施され、複数のチャンスがあった入試機会を1回で選抜してしまおうというものです。

首都圏においては、埼玉が２０１２年度から、神奈川が２０１３年度から、前期・後期の選抜を廃止し一本化しましたが、全国的にみると２０１５年度には青森、高知が一本化し、来春の２０１６年度には大阪が事実上の一本化に踏みきります。

大阪では、特定の学科を対象とした特別入学者選抜は継続されますが、ごく一部に限られていますので、多くの受験生にとっては、一本化といえます。

大阪は、入学者選抜で使う内申点（評定）を従来の相対評価10段階から、絶対評価5段階に変更することにしました。絶対評価の悪影響を懸念した大阪は、毎年1月に中1、中2を対象に、チャレンジテスト（府内の学力テスト）も実施しています。中1は3教科、中2は5教科での実施です。

このチャレンジテストの目的は「大阪府公立高校入学者選抜における評定の公平性を担保する方策を検証する」ためとされており、公立中学校間での内申書評定の格差を是正する目的です。一本化による「一発勝負」

のため、少しでも公平性を打ち出したいとの意図がみえます。首都圏3県でも一本化されたあとの検証結果によっては、内申書の評定についての見直しも論じられるかもしれません。

首都圏に話を戻すと、首都4都県の公立高校入試では名称に違いはあっても、「推薦入試」と「一般入試」が行われていましたが、現在では東京以外は学力検査を行う一般入試のみになっています。

これは、早期に行われていた推薦入試で高校に合格してしまうと中学3年生3学期での学業への意欲が損なわれ授業が成り立たないという弊害が引き金となったのですが、背景には「推薦入試でも一般入試でも合格する生徒は変わらないのではないか」という見方と、絶対評価による内申書評定への疑念、不信感があります。

学区は全国的に緩和や撤廃の動き

従来、公立高校では生徒本人（実質的には保護者）の住所によって通学する高校が厳密に区分けされていました。この制度が学区制と呼ばれるものです。

これには、公立高校間での人気の偏りを防ぎ、受験戦争の加熱を沈静化させる目的がありましたが、現在では逆に高校の選択肢を増やし、学校間の競争を促そうとする動きから学区を撤廃する自治体が多くなっています。

これは学力重視の動きと同一のラインに並ぶものといえ、すでに首都4都県では千葉だけに学区制が残されている形です。

首都4都県では、2003年・東京、2004年・埼玉、2005年・神奈川が学区制を撤廃しています。じつは、細長い地理的な条件から学区制がなくならない千葉も、2001年に学区を12学区から9学区へ、さらに隣の学区は受検できるよう緩和を行っています。

全国的には、この春の2015年度入試で栃木が撤廃し（全国で24番目）、全国47都道府県の過半数で学区がなくなったことになります。

学区数についても、2004年度に全国で334あった学区は、2016年度に山口で撤廃されると154になり、12年間で半数以下になります。

学区が残る県についても再編の動きは活発で、今春は兵庫が16学区から5学区に再編しています。

地理的な問題から全県一学区にしても、あまり意味がない県もあるため、全国の学区撤廃・再編の動きは、このあたりでほぼ鈍化するでしょう。

現在、多くの学区が存在するのは、北海道（19学区）、福岡（13学区）で、次が千葉の9学区です。

首都４都県の公立高校再編の動き

都県	年度	これからの動き
東　京	2015	下半期に専門高校の再編計画発表（予定）、2016年度以降に順次再編実施（予定）。
神奈川	2017	【市立横浜サイエンスフロンティア】開校する併設型中高一貫教育校を改編し、附属中学校を設置。2019年度まで高校６学級募集、2020年度以降は高校４学級募集を予定。
千　葉	2015	【成田国際】グローバルスクールの設置。 【船橋古和釜】、【流山北】地域連携アクティブスクールを設置。 【小見川】福祉コースの設置。 【館山総合】観光の学びを導入、海洋科の栽培コースを栽培環境コースに転換。 【銚子商業】海洋科の海洋科学コースを栽培環境コースに転換。 【大原】大原、岬、勝浦若潮を統合して総合学科を設置。
	2016	【東葛飾】県立中学校の設置。 【小金】普通科を改編し、進学を重視した総合学科を設置。 【成東】単位制の導入。 【千葉工業】理数工学科の設置。
	2017	【木更津】理数に関する学科を設置。 【佐倉西】福祉に関するコースを設置。
埼　玉	2018	【新・川口市立高校を設置】川口総合、川口、県陽を統合する。 2015年度より川口総合の募集減、2016年度より川口（国際ビジネス）の募集停止。2018年度より新校にて、全日制（普通科400名，理数科80名）、定時制（総合学科120名）を募集予定。同年度より現３校の募集は停止。

時代の変化に呼応して学校も変化していく

さて、別表にここ数年で実施が検討されている首都4都県の公立高校再編の動きを記してみました。社会が変われば学校も変わらざるをえません。

公立高校に限らず各都道府県自治体、また各学校に対し、ますます教育の質が問われています。

社会の要請には、少子化対策も含まれています。ですから、今後も公立高校の入試制度は時代の動きを背景にさまざまに変化していき、さらに新たな学校・学科・コースの新設や既存校の改編が、今後も行われていくことは必至です。

このコーナーでも、その変化に敏感になって、みなさんにお伝えしていきたいと思います。

7月号の答えと解説

問題 数字の陣取り合戦

マス目に書かれている数字を手がかりに、マス目を長方形（または正方形）のブロックに区切っていくパズルです。ルールに従って、パズルを解いていきましょう。最後にA、Bが入ったブロックに書かれている数字の合計を答えてください。

●ルール
①１つのブロックには、数字が１つ入る。
②１ブロックのマスの数は、ブロック内の数字と同じである。
③ブロックは必ず長方形（正方形も含む）になる（例えば「４」の場合は、１×４、２×２、４×１マスの３つのパターンの長方形が考えられる）。

問題

	4					9	
	9			4			
							4
		3			4		
	3			6			
8		A				8	
		2					
			8		4	B	
							4

解答 14

解説

・２つの９のブロックは３×３の場合に限られます。左の９のブロックは、１つ左に区切ると、その右側にどのブロックにも入らないマスができてしまうので図①のように区切られます。

・２つの８のブロックについても同様に考えて、図②のように区切られます。

・続いて上の３つの４のブロックについて考えると、図③のように区切ることができます。

・残りのブロックについても同様に考えて、図④のように完成するので、A、Bが入ったブロックに書かれている数字は、それぞれ6、8とわかります。

①

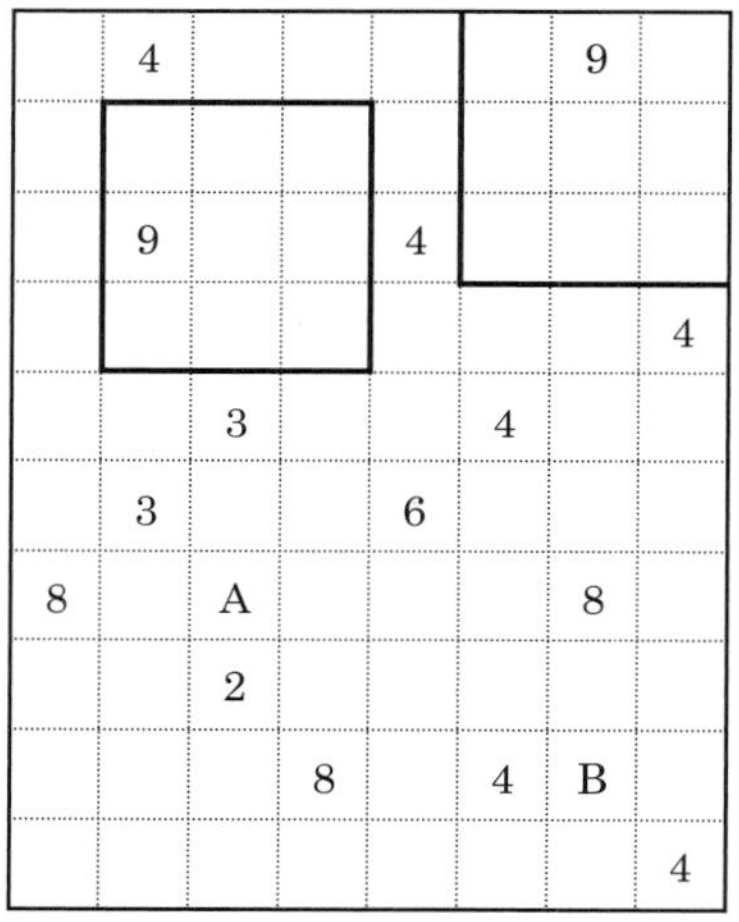

②

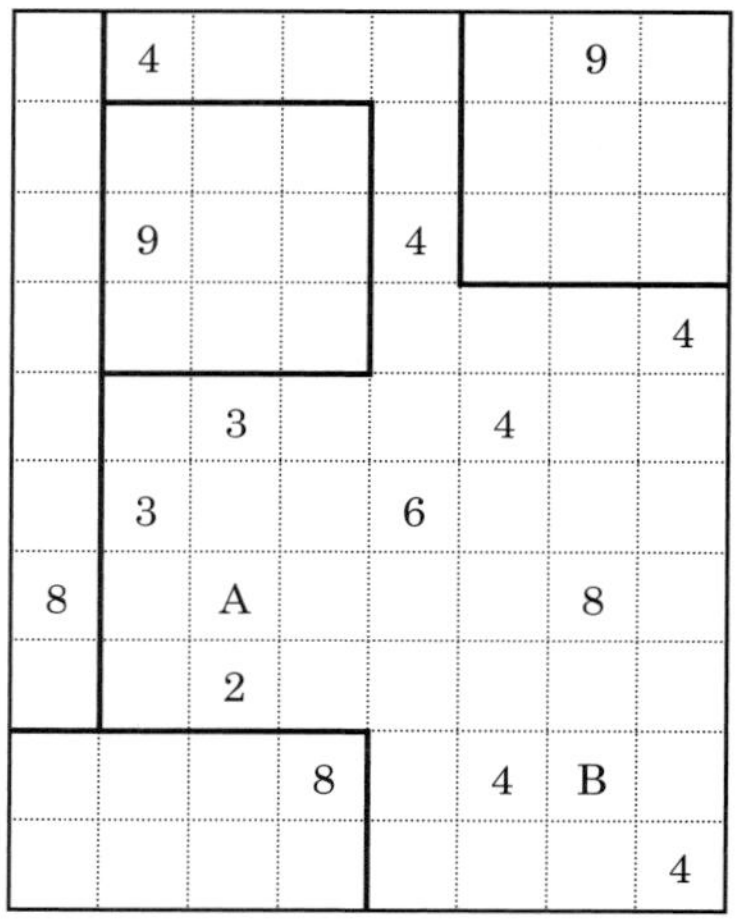

③

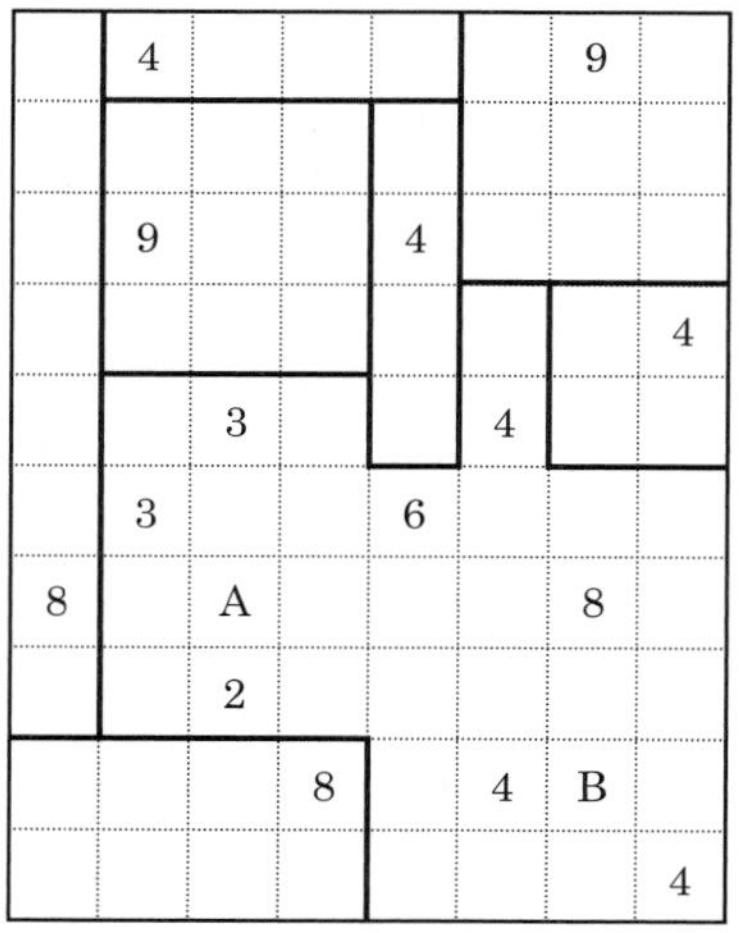

④

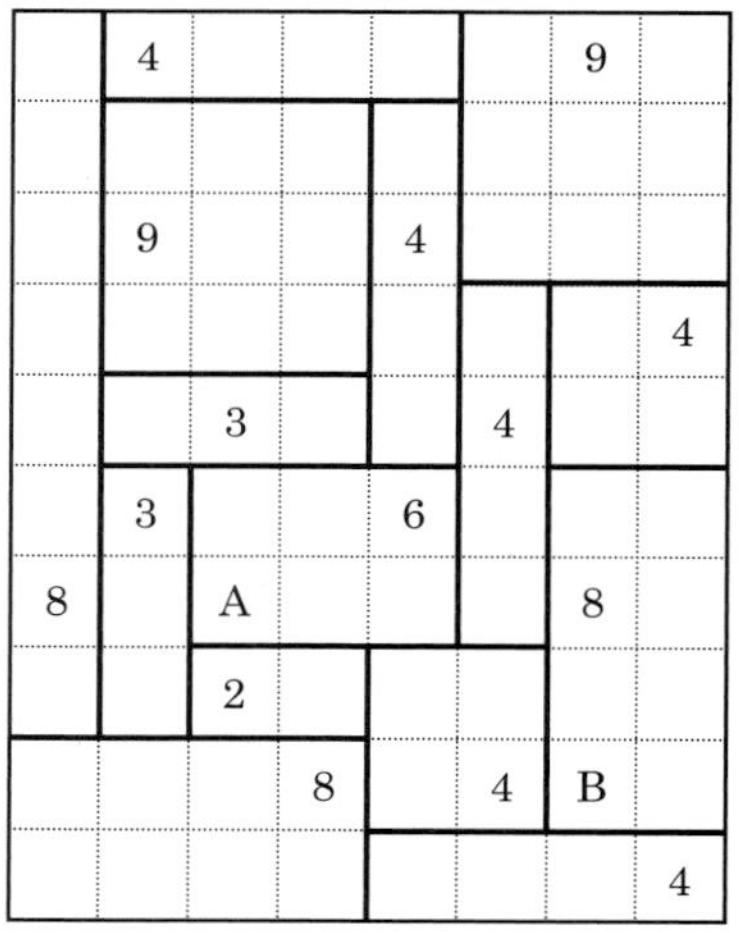

中学生のための学習パズル

今月号の問題

理科用語クロスワード

理科の用語に関するクロスワードです。カギをヒントにマスに言葉を入れてクロスワードを完成させてください。最後にA～Eのマスの文字を順に並べてできる言葉を答えてください。

1	2		3A		■	4	5C
6		■		■	7		
	■	8		9B	■	10	
11	12						■
■	13D		■		■	14	15
16		■	17		18	■	
	■	19		■	20		
21				E		■	

タテのカギ

1　○○○○前線は、9月上旬から10月中旬にかけて日本列島付近に出現する停滞前線
2　話の○○、○○にはまる
3　他人のものを横合いから奪い取ってしまう
4　だ液に含まれる、デンプンを消化する酵素
5　火成岩のうち、花こう岩は深成岩、安山岩は○○○岩に分類される
8　地下で岩石が破砕されることによって起きる
9　大脳やせきずいなどから、手足などの筋肉へ命令を伝える○○○○神経
12　水を電気分解すると、これと酸素に
15　肺を取り囲んでいて、あばら骨とも呼ばれる
16　○○○植物には、被子植物と裸子植物とがある
17　心臓が血液を送り出すときの規則的な音の響き
18　2で割ると1余る
19　文字で書いたもの。本

ヨコのカギ

1　単位面積当たりの面を垂直に押す力の大きさで、単位はパスカル
4　フェノールフタレイン液は、アルカリ性の水溶液に入れると無色からこの色に変化する
6　マグニチュードは、地震そのものの○○を表す尺度
7　⇔ 下座（しもざ）
8　○○○ドア、○○○改札、○○○販売機
10　セキツイ動物のうち、鳥類とほ乳類は胎生で、それ以外は○○生
11　目盛りのついた円筒状のガラス製の容器で、液体の体積を測定するのに用いる
13　○○性 ⇔ 陽性
14　正でも負でもない整数
16　○○鳥は、ドイツ南部のジュラ紀の石灰岩から発見されたは虫類と鳥類の中間の生物
17　春は移動性○○○圧と低気圧が交互に日本付近を通過するので、天気は短い周期で変化することが多い
19　気圧計や温度計などの計器が示している目盛りの度数
20　これを1粒ずつにほぐせばイクラに
21　タテ8のとき、初期微動を感じたあとに来る大きな揺れ

7月号学習パズル当選者

全正解者24名

廣島　英梨さん（中2・千葉県柏市）
大上　拓也さん（中1・神奈川県横浜市）
大島　滉介さん（中1・東京都国分寺市）

応募方法

●必須記入事項

01　クイズの答え
02　住所
03　氏名（フリガナ）
04　学年
05　年齢
06　右のアンケート解答

◎すべての項目にお答えのうえ、ご応募ください。
◎ハガキ・ＦＡＸ・e-mailのいずれかでご応募ください。
◎正解者のなかから抽選で3名の方に図書カードをプレゼントいたします。
◎当選者の発表は本誌2015年11月号誌上の予定です。

●下記のアンケートにお答えください。

A今月号でおもしろかった記事とその理由
B今後、特集してほしい企画
C今後、取り上げてほしい高校など
Dその他、本誌をお読みになっての感想

◆応募締切日 2015年9月15日（当日消印有効）

◆あて先

〒101-0047　東京都千代田区内神田2-4-2
グローバル教育出版　サクセス編集室
FAX：03-5939-6014
e-mail:success15@g-ap.com

に挑戦!!

城《じょう》北《ほく》埼《さい》玉《たま》高等学校

■ 埼玉県川越市古市場585-1

■ 東武東上線「上福岡駅」・JR川越線・埼京線「南古谷駅」・西武新宿線「本川越駅」スクールバス

■ 049-235-3222

■ http://www.johokusaitama.ac.jp/

学校説明会

すべて12：00
9月26日（土）　10月25日（日）
11月28日（土）　12月20日（日）

個別相談会

すべて14：00
9月26日（土）　10月25日（日）
11月28日（土）　12月20日（日）
12月24日（木）　12月25日（金）

文化祭

9月12日（土）　9月13日（日）

問題

次の各組の文がほぼ同じ内容を表すように、（　）に適語を入れなさい。

1．I was glad when I heard the news from her.
I was glad（　）（　）the news from her.

2．I must do a lot of things this evening.
I（　）a lot of things（　）do this evening.

3．I moved to Kyoto two years ago, and I still live here.
I have（　）in Kyoto（　）two years.

4．He and I are the same age.
He is（　）（　）as I.

5．I was too busy to go to the dentist.
I was（　）busy that I（　）go to the dentist.

解答　1.to hear　2.have, to　3.lived, for　4.as old　5.so, couldn't

多《た》摩《ま》大《だい》学《がく》目《め》黒《ぐろ》高等学校

■ 東京都目黒区下目黒4-10-24

■ JR山手線ほか「目黒駅」徒歩12分またはバス、東急東横線・地下鉄日比谷線「中目黒駅」スクールバス

■ 03-3714-2661

■ http://www.tmh.ac.jp/

夏の見学会

8月29日（土）　14：00

学校説明会

すべて14：30
10月24日（土）　11月7日（土）
12月5日（土）

颯戻祭（文化祭）

両日とも10：00～15：00
9月19日（土）　9月20日（日）

問題

座標平面上に2次関数 $y=ax^2$，$y=-\frac{1}{a}x^2$ があります。$y=ax^2$ 上の x 座標が p である点をA、$y=-\frac{1}{a}x^2$ 上の x 座標が p である点をBとし、直線ABと x 軸との交点をPとするとき、次の各問に答えなさい。但し、$a>0$，$p>0$ とします。

(1)　$a=3$ のとき、△OABの面積を p を用いて表しなさい。

(2)　△OAPと△OBPの面積の比を a を用いて表すと p の値に関係なく［　　］：1となります。

［　　］にあてはまる式を答えなさい。

(3)　△OAPと△OBPの面積の比が3：2となるような a の値を求めなさい。

解答　(1) $\frac{5}{3}p^3$　(2) a^2　(3) $\frac{\sqrt{6}}{2}$

私立高校の 入試問題

駒《こま》澤《ざわ》大《だい》学《がく》高等学校

問題

数直線上の原点０を出発点とし，さいころの出た目の数だけ移動する点Ｐについて考える。

Ｐは，出た目の数が素数のときは正の方向に，素数でないときは負の方向に移動する。

この操作を何回か繰り返すとき，次の各問いに答えなさい。

(1) この操作を２回行ったとき，点Ｐの座標が４になる場合は何通りあるか求めなさい。

(2) この操作を２回行ったとき，点Ｐの座標が正になる場合は何通りあるか求めなさい。

(3) この操作を３回行ったとき，点Ｐが原点０に戻る確率を求めなさい。

解答 (1) ３通り (2) 17通り (3) $\frac{5}{72}$

■ 東京都世田谷区上用賀1-17-12

■ 東急田園都市線「桜新町駅」・「用賀駅」徒歩13分、小田急線「千歳船橋駅」バス

■ 03-3700-6131

■ http://www.komazawa.net/

学校説明会

10月10日（土） 15：00〜16：50
※チアリーディング部演技・英会話デモンストレーションあり
10月24日（土） 15：00〜16：50
※入試問題解説あり
11月23日（月祝）13：45〜16：10
※吹奏楽部コンサートあり
12月５日（土） 15：00〜16：10

駒大高祭（文化祭）

10月３日（土） 10月４日（日）
※入試相談コーナーあり

淑《しゅく》徳《とく》巣《す》鴨《がも》高等学校

問題

下の図において，直線 ℓ は $y=-x+4$，放物線 m は $y=ax^2$ である。直線 ℓ と放物線 m との交点を A，B とし，直線 ℓ と y 軸との交点を C とする。点 P は放物線 m 上を O から A まで動く点で，線分 PB と y 軸との交点を Q とする。点 A の x 座標は２である。

次の［ア］〜［コ］に当てはまる数字，記号をマークしなさい。

(1) a の値は $\frac{［ア］}{［イ］}$ である。

(2) 点 P の x 座標が１のとき，点 Q の座標は Q（［ウ］，［エ］）である。

(3) (2) のとき，$\triangle BCQ$ と $\triangle POQ$ の面積比を最も簡単な整数で表わすと［オ］：［カ］である。

(4) $\triangle BCQ$ と $\triangle POQ$ の面積が等しくなるとき，点 P の x 座標は［キク］＋［ケ］$\sqrt{［コ］}$ である。

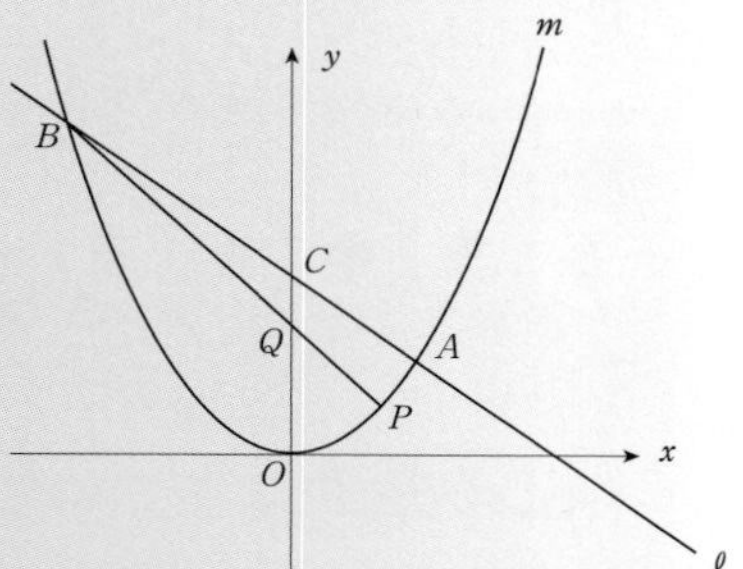

解例 ア.１ イ.２ ウ.０ エ.２ オ.４ カ.１ キ.− ク.２ ケ.２ コ.３

■ 東京都豊島区西巣鴨2-22-16

■ 都営三田線「西巣鴨駅」徒歩３分、都電荒川線「庚申塚駅」徒歩４分、JR埼京線「板橋駅」徒歩10分、東武東上線「北池袋駅」徒歩15分

■ 03-3918-6451

■ http://shukusu.ed.jp/

学校説明会

９月５日（土） 14：00〜15：00
10月９日（金） 19：30〜20：30
11月７日（土） 14：00〜15：00
11月22日（日） 14：00〜15：00
※10月９日（金）のみ要予約

個別相談会

すべて14：00〜16：00
10月24日（土） 11月14日（土）
11月28日（土） 12月５日（土）
12月25日（金）

淑鴨祭（文化祭）

９月19日（土） ９月20日（日）
※入試個別相談コーナーあり

Letter section

みんなの
お便りコーナー
サクセス広場

テーマ
人生最大の失敗

服を**裏表逆に着た**まま遊びに出かけていた。帰ってお風呂に入るときまで気づかなかったので、１日中逆だったみたい…。恥ずかしすぎ！
（中３・最先端ファッションさん）

大好きな先輩と２人きりで話せるチャンスだったのに、あまりにも緊張しすぎて、「○○なんでしゅ」と**赤ちゃん言葉**になってしまいました…。
（中２・穴があったら入りたいさん）

教室の前で**豪快に滑って**しまい、思わず隣にいた友だちのズボンをつかんだ結果、彼のズボンをずり下げてしまいました。あれは人生最大の失敗。でもよく考えたら、彼の方がよっぽど失敗したと思っているかも…。
（中３・ズボンズリーさん）

今年のバレンタインに、好きだった同級生にチョコを渡したのですが、朝から緊張しすぎていたせいか、**「お父さんへ」**って書いてあったチョコを間違って持ってきて渡しちゃいました。そのときの、苦笑いした彼の顔といったら…。
（中３・黒歴史さん）

新学期の**自己紹介でかみまくって**しまった。しかもそのせいであだ名が「かみぃ」になった。
（中２・カムンさん）

テーマ
夏休みにしたいこと

思いっきり寝る。とにかく好きなだけゴロゴロしたい！
（中１・睡眠グさん）

ここ数年はプールしか行ってないので、今年こそ**海**に行きたい！
（中２・Cさん）

読書が好きなので、夏休みには**たくさん本を読みたい**です！　時間を気にせず読書に没頭したいです。20冊以上読みたいですね。
（中２・図書館涼しいさん）

今年こそ宿題を早く終わらせて、ネコといっしょに**1日中ごろごろする**日をたくさん作る。
（中３・ポチとタマさん）

九州のおじいちゃんの家に行って、家の裏にある畑で**野菜を採って食べたい**です。とれたては全然味が違うし、収穫ができるのも嬉しい。夏休みだけの楽しみです。
（中２・でも蚊がすごいいるさん）

ぼくも父も電車が好きなので、２人で**「ぶらりローカル線の旅」**をしたくて、いま計画を立てています。
（中１・ノッティさん）

お菓子づくり。手作りのお菓子で好きな人に告白します！
（中２・愛情を込めて…）

テーマ
お小遣いなにに使ってる？

毎月マンガを買ってたけど、本棚に入りきらなくなったので、今月からお小遣いで**本棚貯金**をする予定。
（中２・漫画喫茶に住みたいさん）

週に１回、塾の帰りにコンビニで**おやつ**を買うのに使ってます！　夏はアイス、冬は肉まんが定番です。
（中３・あんまんも好きさん）

とにかく**貯めて**いる。だって人生なにが起こるかわかりませんよね？
（中３・九転び十起き）

文房具が好きで、新しい文房具を見つけると、ついつい買ってしまいます。
（中３・Y.K.さん）

母の40歳の誕生日に、**大きな花束**をあげたくて、いまコツコツお小遣いを貯めています。
（中２・フラワーさん）

必須記入事項

A／テーマ、その理由　B／住所　C／氏名
D／学年　E／ご意見、ご感想など

ハガキ、FAX、メールを下記までどしどしお寄せください!
住所・氏名は正しく書いてください!!
ペンネームは氏名のうしろに(　)で書いてネ!
【例】サク山太郎（サクちゃん）

宛先

〒101-0047　東京都千代田区内神田2-4-2
グローバル教育出版　サクセス編集室
FAX:03-5939-6014
e-mail:success15@g-ap.com

募集中のテーマ

「いま、○○にはまってます」
「もしも性別が逆だったら…」
「やってみたい習い事」
応募〆切 2015年9月15日

ここにメールしてね!!

success15

ケータイ・スマホから上のQRコードを読み取り、メールすることもできます。

Present!!　掲載された方には抽選で**図書カード**をお届けします!

サクセス イベントスケジュール

8月～9月

世間で注目のイベントを紹介

スズムシ

羽を細かく震動させることで鈴が鳴るような美しい音を奏でる昆虫といえば…そう、スズムシだ。秋の虫だと思われがちだけど、羽化が始まるのは7月下旬からで、じつは夏でも鳴き声を聞くことができるんだ。今年の夏も暑いけど、少し涼しい夕方に、スズムシの音色を聞きに散歩に出かけるのもいいね。

＼「城」の魅力に迫る！／

特別展 徳川の城 ～天守と御殿～

8月4日（火）～9月27日（日）
東京都江戸東京博物館

歴史好き、城好きの人はもちろん、歴史はちょっと苦手、という人にもぜひ見てほしいのがこちら。江戸城、名古屋城、駿府城、二条城など、徳川家康らが日本各地に築いた城を貴重な屏風・絵地図などの展示や最新技術による復元映像からその魅力に迫るという内容だ。貴重な展示資料から、歴史の奥深さやロマンを感じてほしい。

＼史上最大のガンダム展！／

機動戦士ガンダム展 THE ART OF GUNDAM

7月18日（土）～9月27日（日）
森アーツセンターギャラリー

1979年に誕生したTVアニメ「機動戦士ガンダム」。日本のアニメ史上に名を残す名作として、いまなお多くのファンを魅了している。森アーツセンターギャラリーで開催されている今回の展覧会は、キャラクターのレイアウト原画やモビルスーツをはじめとしたメカニックの設定画など、1000点にもおよぶ制作資料を展示。ガンダムの魅力が満載だ。

＼風景を旅する展覧会／

ウィーン美術史美術館所蔵 風景画の誕生

9月9日（水）～12月7日（月）
Bunkamuraザ・ミュージアム

芸術の秋を楽しむなら、この展覧会がおすすめ。テーマは「風景画」。約70点の美しい絵画を見ながら、美術の歴史で風景の描かれ方がどう変化し、発展していったかを学ぶことができる。しかも、展示されるのは膨大なコレクションを誇るオーストリアのウィーン美術史美術館の所蔵作品から厳選されたものだ。風景を旅する絵画鑑賞に出かけよう。

《江戸図屏風》左隻（部分）国立歴史民俗博物館蔵【展示期間：8月4日～8月30日】※ただし9月1日～9月27日は複製

「機動戦士ガンダム」場面写真
©創通・サンライズ

「風景画の誕生展」の招待券を5組10名様にプレゼントします。応募方法は下記を参照。

カナレット（通称）《ヴェネツィアのスキアヴォーニ河岸》1724－30年頃 油彩・キャンヴァス

「きかんしゃトーマスとなかまたち展」の招待券を5名様にプレゼントします。応募方法は下記を参照。

レジナルド・ダルビー「トーマスと貨車」1946年 ©2015 Gullane (Thomas) Limited.

「琳派と秋の彩り展」の招待券を5組10名様にプレゼントします。応募方法は下記を参照。

川合玉堂《渓雨紅樹》1946（昭和21）年 絹本・彩色 山種美術館

©2015 Pokémon. ©1995-2015 Nintendo/Creatures Inc./GAME FREAK inc.ポケットモンスター・ポケモン・Pokémonは任天堂・クリーチャーズ・ゲームフリークの登録商標です。

＼世界一有名な機関車／

きかんしゃトーマスとなかまたち

7月18日（土）～10月12日（月祝）
東京都現代美術館

テレビでおなじみ、かわいい機関車たちの物語、『きかんしゃトーマス』。原作の絵本は今年で出版70周年を迎え、世界中で愛されている。今回の展覧会は、4人の画家によって描かれた約200点の原画や、原作者オードリー牧師に関する資料の展示など、子どもから大人まで楽しめる内容だ。とくに、色鮮やかで表情豊かな原画は必見だよ。

＼日本画で秋を楽しむ／

特別展 琳派400年記念 琳派と秋の彩り

9月1日（火）～10月25日（日）
山種美術館

まだまだ残暑も厳しいけれど、ひと足先に、日本画の展覧会で秋を感じてみよう。今年で400年を迎える「琳派」（本阿弥光悦と俵屋宗達が創始した日本の芸術における流派のこと）と琳派の画風に影響を受けた近代・現代の作品から、秋の情緒が感じられるものを集めた美しい展覧会が開催される。さまざまな形で描かれた日本の秋が楽しめるよ。

＼新感覚の科学アトラクション展／

企画展 ポケモン研究所 ～キミにもできる！ 新たな発見～

7月8日（水）～10月12日（月・祝）
日本科学未来館

「ポケットモンスター」の世界観を舞台に、科学的なプロセスが体験できる科学アトラクション展が開催中だ。モンスターボールのなかのポケモンを、さまざまな観察マシンで分析し、つきとめるアトラクションや、ポケモンの多様性を深く知ることができるコレクションルームなど、楽しいアトラクションが盛りだくさんだ。

招待券プレゼント！ 希望する展覧会の名称・住所・氏名・年齢・「サクセス15」を読んでのご意見ご感想を明記のうえ、編集部までお送りください（応募締切2015年9月15日必着　あて先は77ページ参照）。当選の発表は賞品の発送をもってかえさせていただきます。

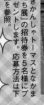

～サクセス18のご紹介～

サクセス18は早稲田アカデミーが創った現役生難関大学受験専門塾です。

昨年比UP!! **東京大学** 最難関 理科Ⅲ類 3名合格 **66名合格!**

早稲田299名合格

当塾史上最高数更新!! **早慶上智大576名合格!**

慶應義塾132名合格

当塾史上最高数更新!! **GMARCH理科大830名合格!**

上　智145名合格

2015年度 大学入試合格体験記

東京大学［理科Ⅰ類］合格

早稲田大学［創造理工学部］

栗嶋 寛基（私立開成高校）

最高の学び舎

僕は、高一から早稲田アカデミーにお世話になりました。早稲田アカデミーの授業は、オリジナル教材を用いながら、講義・演習・ディスカッションなど、それぞれの科目に適した授業形態をとっていて、本質をより簡単に学ぶことができました。また、授業中の教室には心地よい緊張感が保たれていたので、本質をより簡単に学ぶことが出来ましたし、集中して勉強に取り組むことが出来ました。高３になると毎週日曜日に東大必勝講座が設けられ、東大頻出の単元に絞った演習をこなすことで、東大受験において大きなアドバンテージを獲得することが出来たと思います。さらに、センター試験が終わると、毎週テストゼミが行われ、テストに対する経験値を高めるとともに、周りのライバルたちと切磋琢磨することで、受験当日まで高いモチベーションを維持することが出来ました。勉強面以外においても、早稲田アカデミーには、質の高い自習室や、きれいなラウンジといったような勉強する上で役に立つ設備も充実していて、受験勉強する上で素晴らしい環境だったと思います。かなり有効活用させていただきました。僕が合格できたのは早稲田アカデミーのおかげだと思います。ありがとうございました。

東京大学［文科Ⅰ類］合格

早稲田大学［法学部］、明治大学［法学部］

米澤 友美子（私立桜蔭高校）

早稲アカに通い続けて

10年前、小学校２年生の冬。偶然家のポストに入っていた一通のダイレクトメールがきっかけで私は早稲田アカデミーに入塾しました。その後10年もの間早稲アカに通い続けることになろうとは当時は思いも寄りませんでした。東大を目指す、ということは長く苦しい戦いです。東大を諦めようと思うことが何度もありました。特に高１の時は数学は定期テストでも40点台、英語は教科書レベルの英文の読解にも四苦八苦、国語はまともに文字が読めないという状態で、とても東大に合格できる学力ではありませんでした。しかし、早稲アカの先生方の個性豊かでかつ受験という枠にとらわれない高度な授業、生徒一人一人に即した熱意あふれる学習指導のおかげでなんとか東大に合格にできる学力を身につけることができました。また、先生方がこまめに声をかけて下さったり、中学受験の時にお世話になった先生までもが応援して下さったりと精神的な面でも支えてもらいました。先生と生徒が一丸となって入試に臨める早稲アカだったからこそ、私は東大に合格することができました。小学校２年生の時、幼いながらに私の下した、早稲田アカデミーという選択の正しさは、10年の時を経て桜蔭、そして東大合格という形で証明されたと思います。

一橋大学［法学部］合格

慶應義塾大学［経済学部・商学部・総合政策学部］

林 遼太郎（私立駒場東邦高校）

サクセスで得たもの

僕は４年間サクセスに通っていました。小学校時代早稲アカに通っていたこともあり、友人や熱い先生方の雰囲気に自然と溶け込んでいきました。が、本当に受験を考えたのは高２の冬からで、ただ漠然と一橋大に入れればくらいにしか思っていませんでした。しかし、本格的に塾の自習室にも行くようになってからは、次第に受験を考えるようになっていました。サクセスは、大手塾とは違って、友人が作りやすく、互いに意識し合い、競い合える環境にあり、「自分もやらなきゃ」という危機感が芽生えるような環境です。だから、自然と高3にもなると、必死で勉強に取り組むことができるのだと思います。誰しも、自分の勉強に不安を抱くと思います。自分自身、そうした不安を経験しました。そんな時、僕を救ってくれたのは塾の方々でした。周りの人に話すことで気持ちが楽になったのです。そして、最後まで勉強に食らいつくべきだと思います。現役生は、年明けの直前期一気に伸びるというのは本当です。なので、試験当日まで諦めないで下さい。そして、本番は緊張するものです。僕は、センター前日から全く眠れず、という状態でした。しかし、そんな状態を楽しむことも、受験の一環です。周りを見て、「自分のほうができる」と言い聞かせるのも成功するための方法の一つです。また今まで一生懸命に勉強してきた自分を振り返るのも一つだと言えるでしょう。いずれにせよ、自分を信じ、試験開始直前まであがいてください。

早稲田大学［社会学部］合格

明治大学［商学部・政治経済学部］

郭 翔一（私立成城高校）

早稲アカ最高！！

私が早稲田アカデミーサクセス18に入塾したのは中学３年生の時です。当時はもちろん受験を意識することもなく、学校の定期試験の勉強すらまともにやらない状態でした。しかし、FITなどのサクセス18の充実したシステムにより、低学年のうちから学習習慣を身につけることができ、本格的に受験勉強をする前から学力の基盤を作ることができたのはよかったです。本格的に受験勉強を開始しようと考えた時、何をどのように勉強するか具体的な計画を自分では立てることはできませんでした。しかし、今年度から導入されたサクセスダイアリーを使用することにより、しだいに計画をたてることができるようになり、受験の直前期には効率的に時間を使うことができるようになっていました。そして何よりも受験勉強に逃げずに取り組むことができたのは先生達の熱い授業のおかげです。古居先生の厳しくも厳しいからこそやる気の出る授業や、幸長先生の数々の励ましの言葉や、新里先生の面白くも奥深い授業のおかげでモチベーションを保つことができました。また、ラウンジなどで塾の仲間達と励ましあうことにより、お互いに切磋琢磨し高めあうことができました。サクセス18の皆に支えられ、合格することができました。本当にありがとうございました。早稲田アカデミーサクセス18は最高！塾を選ぶ時にこの塾を選んだのは最良の選択でした！

高３対象 日曜特訓

志望校別対策コース

東大必勝コース　**一橋大必勝コース**　**東工大必勝コース**　**早慶大必勝コース**　**難関大必勝コース**

エキスパート講師陣　少人数・学力別クラス　志望校別オリジナル教材　徹底した添削テストシステム

説明会＆選抜試験

8/23(日)・**31**(月)

※会場・時間等詳細はお問い合わせください。

［会場］▶ 東大必勝 御茶ノ水校　一橋大必勝 荻窪校　東工大必勝 渋谷校
早慶大必勝 池袋校・渋谷校・国分寺校　難関大必勝 池袋校・渋谷校・国分寺校

［料金］▶ 入塾金：10,800円（基本コース生は不要）
受講料：31,400円／ターム

池袋校	03-3986-7891	大泉学園校	03-5905-1911	調布校	042-482-0521	大宮校	048-641-4311
御茶ノ水校	03-5259-0361	荻窪校	03-3391-2011	たまプラーザ校	045-903-1811	所沢校	04-2926-2811
渋谷校	03-3406-6251	国分寺校	042-328-1941	新百合ヶ丘校	044-951-0511	志木校	048-476-4901

医歯薬専門予備校45年の伝統と実績

医学部完全合格136名!!

曜 中 訓 **医学部必勝講座** 説明会・選抜試験 高3対象 無料 予約制 第2回 **8/31**(月) 第3回 **9/6**(日)

1〜高3生対象 無料 30名限定
学部推薦対策講座 8/22(土)

医学部専門個別指導 Medical 1 メディカル・ワン

早稲田アカデミー 教育グループ
医歯薬専門予備校
野田クルゼ
〈御茶ノ水〉

資料請求・お問い合わせ・各種お申し込みはお気軽にこちらへ

現役校 Tel 03-3233-6911(代) Fax 03-3233-6922 受付時間 13:00〜22:00

本　校 Tel 03-3233-7311(代) Fax 03-3233-7312 受付時間 9:00〜18:00

野田クルゼの最新情報はホームページでもご確認いただけます。 野田クルゼ 検索

Success15 Back Number

サクセス15 バックナンバー好評発売中！

2015 7月号

参加しよう
学校説明会etc

中学生のための手帳活用術

SCHOOL EXPRESS
東京都立西

Focus on
青山学院高等部

2015 6月号

キミもチャレンジしてみよう
高校入試数学問題特集

一度は行ってみたい！
世界＆日本の世界遺産

SCHOOL EXPRESS
慶應義塾志木

Focus on 公立高校
東京都立富士

2015 8月号

夏休み
レベルアップガイド

作ってみよう！　夏バテを防ぐ料理

SCHOOL EXPRESS
早稲田大学本庄高等学院

Focus on
法政大学第二

2014 5月号

先輩教えて！　合格を
つかむための13の質問

数学っておもしろい！
数の不思議

SCHOOL EXPRESS
早稲田大学高等学院

Focus on 公立高校
神奈川県立湘南

2015 4月号

国立・公立・私立
徹底比較2015

東大生オススメ
ブックレビュー

SCHOOL EXPRESS
早稲田実業学校高等部

Focus on 公立高校
神奈川県立横浜緑ケ丘

2015 3月号

もっと知りたい！
高大連携教育

宇宙について学べる施設

SCHOOL EXPRESS
国際基督教大学

Focus on 公立高校
茨城県立土浦第一

2015 2月号

受験生必見！
入試直前ガイダンス

2014年こんなことが
ありました

SCHOOL EXPRESS
昭和学院秀英

Focus on 公立高校
東京都立青山

2015 1月号

学年別
冬休みの過ごし方

パワースポットで
合格祈願

SCHOOL EXPRESS
慶應義塾湘南藤沢

Focus on 公立高校
千葉県立千葉東

2014 12月号

いまから知ろう！
首都圏難関私立大学

スキマ時間の使い方

SCHOOL EXPRESS 明治大学付属明治

Focus on 公立高校 埼玉県立川越

2014 11月号

過去問演習５つのポイント

本気で使える文房具

SCHOOL EXPRESS 立教新座

Focus on 公立高校 神奈川県立柏陽

2014 10月号

大学生の先輩に聞く
２学期から伸びる勉強のコツ

「ディベート」の魅力とは

SCHOOL EXPRESS 筑波大学附属駒場

Focus on 公立高校 千葉県立薬園台

2014 9月号

こんなに楽しい！
高校の体育祭・文化祭

英語でことわざ

SCHOOL EXPRESS 渋谷教育学園幕張

Focus on 公立高校 東京都立国分寺

2014 8月号

2014年
夏休み徹底活用術

夏バテしない身体作り

SCHOOL EXPRESS 市川

Focus on 公立高校 埼玉県立川越女子

2014 7月号

イチから考える
志望校の選び方

日本全国なんでもベスト３

SCHOOL EXPRESS 筑波大学附属

Focus on 公立高校 東京都立三田

2014 6月号

難関国立・私立校の
入試問題分析2014

快眠のススメ

SCHOOL EXPRESS 豊島岡女子学園

Focus on 公立高校 埼玉県立春日部

2014 5月号

先輩に聞く!!
難関校合格への軌跡

高校図書館＆オススメ本

SCHOOL EXPRESS お茶の水女子大学附属

Focus on 公立高校 神奈川県立厚木

これより前のバックナンバーはホームページでご覧いただけます（http://success.waseda-ac.net/）

How to order
バックナンバーのお求めは

バックナンバーのご注文は電話・ＦＡＸ・ホームページにてお受けしております。詳しくは88ページの「information」をご覧ください。

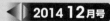

Success15

From Editors

夏休みも残すところ2週間。充実した日々を過ごしていますか。今月号では、文化部特集として開成の囲碁部と県立大宮の吹奏楽部のみなさんに取材をしました。どちらの生徒さんも楽しそうに部活動に打ち込んでいて、青春真っ盛りでした。取材をして印象に残っているのは、勉強と部活動を両立させるために、部の活動が始まる前などのちょっとした時間もムダにせず勉強にあてていたことです。時間を有効に使って、勉強と部活動のどちらも一生懸命頑張るからこそ、楽しい高校生活になっているのだと感じました。みなさんも先輩たちのような充実した高校生活をめざして、受験勉強に励んでください。（S）

9月号

Information

『サクセス15』は全国の書店にてお買い求めいただけますが、万が一、書店店頭に見当たらない場合は、書店にてご注文いただくか、弊社販売部、もしくはホームページ(下記)よりご注文ください。送料弊社負担にてお送りします。定期購読をご希望いただく場合も、上記と同様の方法でご連絡ください。

Opinion, Impression & etc

本誌をお読みになられてのご感想・ご意見・ご提言などがありましたら、ぜひ当編集室までお声をお寄せください。また、「こんな記事が読みたい」というご要望や、「こういうときはどうしたらいいの」といったご質問などもお待ちしております。今後の参考にさせていただきますので、よろしくお願いいたします。

サクセス編集室お問い合わせ先

TEL 03-5939-7928
FAX 03-5939-6014

高校受験ガイドブック2015 9 サクセス15

発行　2015年8月15日　初版第一刷発行
発行所　株式会社グローバル教育出版
〒101-0047 東京都千代田区内神田2-4-2
TEL　03-3253-5944
FAX　03-3253-5945
http://success.waseda-ac.net
e-mail　success15@g-ap.com
郵便振替　00130-3-779535
編集　サクセス編集室
編集協力　株式会社 早稲田アカデミー

Next Issue　10月号

Special 1

これでバッチリ
理科と社会

Special 2

図書館で本に親しむ

SCHOOL EXPRESS

東京都立戸山高等学校

FOCUS ON

明治大学付属中野高等学校

※特集内容および掲載校は変更されることがあります